目次

那覇軍港より米留生出発(1959年)
(写真所蔵:沖縄県公文書館)

章扉デザイン・図版作成／野呂乾樹（8ball）

はじめに――戦後沖縄「米留組《べいりゅうぐみ》」と呼ばれた人々

一九五〇年、アメリカ独立記念日にあたる七月四日、沖縄の勝連《かつれん》半島にあるアメリカ軍港「ホワイト・ビーチ」に、早朝から五〇名近くの沖縄の青年たちが集まっていた。カメラの前に身を寄せ集合写真を撮る青年たち。足元にはスーツケース。アメリカ軍払い下げのＨＢＴ生地の軍服と軍靴を着けている者、また古い柳行李《やなぎごうり》を肩に担いでいる者もいる。背後には、巨大なアメリカ軍用船が停泊し、船首には、「ジェネラル・ギャーフィー号」と船名がある。

見送りに来ていた家族や友人、恩師や村の人々に別れを告げ、青年たちは一列になり軍用船に乗り込む。出発を称《たた》えるアメリカ軍のバンドの音楽が鳴り響く。

船の甲板は、除隊兵たちで混雑していた。岸壁に立つ人たちに手を大きく振る沖縄の青年たち。

別れのテープが色とりどりにはためき、軍用船がゆっくりと岸を離れ、いよいよ彼らのアメリカへの出発が、夢から現実のものとなった。甲板は、安堵感《あんどかん》と緊張感が入り混じった溜息《ためいき》で溢《あふ》れていた。

去りゆく島影はだんだんと小さくなり、眩《まぶ》しい青空と大海原が広がっていた。

時速一九ノット、一万七〇〇〇トン級の軍用船ギャーフィー号は、沖縄の青年たちを乗せて出発した。最終目的地はサンフランシスコ。途中、マニラ、グアム、ハワイを経由する約二週間の旅である。

沖縄戦から五年が経《た》ったこの年、沖縄の若者を対象にしたアメリカへの留学制度が本格的に始まり、朝鮮戦争勃発直後のこの日、沖縄の留学生がアメリカに向け出発したのであった。

太平洋戦争の末期、一九四五年三月下旬から六月下旬にかけ、沖縄島そしてその周辺の島々は、日米最後の地上戦の舞台となった。この戦争による戦死者数は、日米あわせて二〇万人以上にも及んだ。日本軍とアメリカ軍による組織的戦闘は、一般住民を巻き込み、多くの尊い命が失われた。住民の四人に一人が亡くなったとされている。

戦勝連合国による日本の占領は、一九五一年のサンフランシスコ平和条約により終わったが、沖縄島を含む南西諸島は、日本から切り離され、アメリカ軍政による直接的な支配下におかれた。

沖縄の住民による「限定的」な自治を認めるため、琉球《りゅうきゅう》政府が発足したのが一九五二年。米軍の統治機関は琉球列島米国軍政府（以下、軍政府）から琉球列島米国民政府（以下、民政府）と名を変えたが、占領軍が決定権を持ち続けるという支配構造は、沖縄の施政権が日本政府へ返還される一九七二年まで続いた。

一九四九年から、アメリカ陸軍省はアメリカ政府の軍事予算を用いて、沖縄の若者を対象にアメリカの大学で学ぶための奨学制度を実施した。一九四九年の選抜者はわずか二名であったが、一九五〇年には五三名、五一年にも五三名、五二年は七六名と、年々増加し、より多額な金額が割り当てられた。アメリカ陸軍省資金によるこの留学制度は、一九七〇年が最後とされたが、毎年、少なくとも二〇名、多い年には九〇名近くの沖縄の若者が大学で学ぶためにアメリカへ渡った。

戦後の沖縄社会において、米国留学制度は「米留」制度、そして米国留学経験者は「米留組」と呼ばれ、合計一〇四五名の沖縄の若者がハワイやアメリカ本土へ渡り大学教育を受ける機会を得た。学士号一五五名、修士号二六二名、博士号二八名の計四四五名が学位を取得した。

アメリカに留学した者たちを指す「米留組」という呼称は、アメリカ統治下の沖縄を生きる人々にとって、特殊な眼差《まなざ》しや感情を表現するものであった。

特に、日本への復帰運動が激しさを増す一九六〇年代の沖縄において、「米留組」に対する風当たりは厳しく、「向米一辺倒」や「米軍の親衛隊」と呼ばれた。つまり、「米留組」という言葉には、政治色を帯びたステレオタイプが含まれていたのである。

「米留」制度は、アメリカ陸軍省が管轄し民政府が実施した。最初はガリオア基金として知られる占領地域救済政府基金（Government Appropriation for Relief in Occupied Area Fund）から始まり、その後はライカム基金（琉球軍司令部基金、Ryukyu Command Fund）やアリア基金（陸軍省琉球列島援助基金、Administration, Ryukyu Islands, Army Fund）といったアメリカ政府の軍事予算が使われた。

留学中の学生に対する金銭面での支援は、実質上、沖縄の施政権が日本政府に復帰した後の一九七四年九月まで続いた。

アメリカ政府はいかなる政治的意図で「米留」制度を創設したのだろうか。戦後の沖縄をどのように位置づけ、どのような長期的展望に立って人材の育成を図っていたのか。どのような人々や組織が留学制度の実施に関わったのか。留学生はどのように選抜されたのか。

また、沖縄戦を生き延びた沖縄の若者は、どのような思いでアメリカ留学を志したのか。沖縄からの留学生は、アメリカをどのように見ていたのか。アメリカ社会におけるさまざまな人々との出会いや交流は、沖縄の学生にどのような自己意識及び対米意識を形成させたのか。さらに、彼ら、彼女らは帰郷後、戦後沖縄の社会形成や対米政策においてどのような役割を担ったのか。

本書は、戦後の沖縄からアメリカに留学した若者——「米留組」と呼ばれた人々——についての物語である。「米留」制度がアメリカの対沖縄統治政策においてどのように位置づけられていたのかを、アメリカの公文書館所蔵の一次史料から明らかにし、留学経験者たちのライフストーリーを通して、当事者の視点から「米留組」の軌跡を辿《たど》る。

「米留組」に目を向けることは、少なくとも二つの意味を持っている。

第一に、「米留」制度は、冷戦という世界情勢の様相を示すものであり、東アジアを中心とする当時の国際政治分析の一例となる。

「米留」制度の創設は、戦後沖縄におけるアメリカによる統治の戦略的な方法であった。沖縄の教育史においても、「米留」制度は「アメリカ統治の恩恵」と評価されることが多かった。当然、「米留」制度創設の背後には、アメリカ政府の思惑があった。

国際関係史を研究するナタリー・ツヴェートコヴァは、冷戦構造においてアメリカとソ連の留学制度に関する政策が、民主主義と共産主義という両国のイデオロギーを推進する役割を担ったことを指摘している。また、アメリカがそれぞれの国における社会的リーダーを基準に選抜したのに対し、ソ連は労働者階級の人々を留学生として迎えるなど、両国における留学生のリクルートの方法が異なっていたことも指摘している。

「米留」制度もまた、冷戦構造下におけるアメリカ統治の政治的な枠組みの中にあった。東アジアを中心とする国際政治情勢の変化に伴い、一九五〇年に本格的に実施された「米留」制度は、沖縄を永久的に保有するといったアメリカの意思を反映していたのである。

第二に、「米留組」の当事者の経験に目を向けることによって、沖縄とアメリカの狭間《はざま》で生きた人々の葛藤や想《おも》いを読み取ることができる。

私は、二〇〇九年から現在に至るまで、四〇名近くの米留経験者へのライフストーリーの聞き取りを沖縄で行ってきた。アメリカへの留学は、アメリカ統治という政治的な枠組みの中で形作られたものであったとはいえ、移動する個々人の経験は、その枠組みを超えた、主体的なものであった。沖縄の若者は、単に民政府の主導で「派遣」された客体ではない。アメリカへの留学は、彼らが自ら選んだものであった。その選択は、当事者にとって、戦後沖縄の状況を生き抜くための一つの手段としても捉えることができよう。「米留組」と呼ばれた人々のライフストーリーから、「米留」制度の意味を、そして沖縄、日本、アメリカの三者の関係、さらに冷戦の時代そのものを捉え直すことができるのだ。

アメリカ文化史研究者のペニー・ヴォン＝エッシェンは、アメリカが一九五〇年代半ばから一九七〇年代後半にかけて実施した、自国のジャズ音楽家を「文化大使」としてアフリカやソ連に派遣するプログラムに注目している。冷戦の状況下、アメリカ政府は多くの黒人ジャズ音楽家を派遣することで、アメリカの人種に対する寛容性を強調し、民主主義の推進を試みた。しかし、そのアメリカ政府の思惑に反して、ジャズ音楽家たちは、アフリカ系アメリカ人としての人権が無視されてきた現実を伝え、「真の自由」を求め歌ったという。そこには、国境を越え移動する彼らを単なる受動的な客体である「親善大使」としてではなく、主体として描くことでアメリカ政府の思惑に反する「予測しなかった影響」が生じたプロセスが明らかになっている。

沖縄の「米留」制度は、アメリカの思惑通りの結果を生み出したのか。それとも、アメリカの思惑を超え、「予測しなかった影響」をもたらしたのか。沖縄の留学生は、アメリカに対してどのような影響をもたらしたのであろうか。

一九四五年の沖縄戦、二七年間に及ぶアメリカによる沖縄統治、そして一九七二年の日本復帰といった世替わりを経験した「米留組」は、その時代の変化をどう生きたのか、そしてどのような言葉やストーリーで人生の物語を紡ぐのか。「米留組」のライフストーリーは、決してアメリカ統治時代に対するノスタルジーで語られるものではない。また、「被害者」や「加害者」といった分断を導く「大きな物語」に収まるものでもない。

二七年間の直接的、日常的なアメリカによる統治を経て、沖縄は日本の他の場所とは異なるアメリカとの関係を有することとなった。沖縄の人々の「核抜き本土並み」返還という日本復帰に対する願いに反して、沖縄には広大なアメリカ軍基地が残った。

戦災は数十年経った今も消えることのない痕跡を心に残し、沖縄の人々の生活に影響を与えている。一九七二年の本土「復帰」から半世紀が過ぎる沖縄には、アメリカの統治が終わったとは言えない日常が、まだ存在している。

本書の目的は、戦後社会の再建を期待された「米留組」が、アメリカ統治下で、どのような葛藤や想いを抱きながら生きてきたのか、そして何を遺《のこ》してきたのかを明らかにすることである。「米留組」のライフストーリーを知ることは、今を生きる個々人の生き方を考えることにつながる。そして沖縄戦後史の貴重な「証言」として残すことは、遺された者の使命である。

第一章　「米留」制度の創設と実施

米国留学試験（1958年6月28日）
（写真所蔵：沖縄県公文書館）

「米留」研究のはじまり

「米留組」という言葉は戦後沖縄において特殊な意味を持った。その言葉には、高等教育を受けた者へ向けられる期待や責任と同時に、アメリカ統治下において権力と結びつく者といったニュアンスが付随した。「米留組」という言葉は、戦後の沖縄の社会的・歴史的な産物であったのである。

しかし、米留経験者たちは、米留学をしたからといって、「親米」になったわけではない。彼ら自身の語りは、そのような単線的なナラティブでは回収されないものだった。

私は、二〇〇九年から「米留」調査を少しずつ始め、米留経験者四〇名近くの話を聞いてきた。ガリオア・フルブライト沖縄同窓会名簿をもとに、インタビュー者の絞り込みを行いながら、知人に紹介してもらう方法で進めた。

事前に準備したインタビュー調査質問項目には、基本情報の項目や米留経験者の経験を聞き取る質問を準備した。

基本情報は、性別、年齢、現在の職業、留学前の職業、留学後の最初の職業、米国留学した年、米国滞在地や滞在期間、専門分野、両親の職業などだ。

経験を聞き取る質問には、米国留学した動機やきっかけ、米国留学中の経験、留学後の職業選択や人間関係などの大枠があり、その中に複数の質問を用意した。

インタビュー依頼の連絡は手紙で行った。手紙には自己紹介、研究の内容と目的、基本的な質問事項について書き添えた。

ほとんどの場合、米留経験者たちは快く調査に協力してくれた。依頼文の末尾に私の電話番号を記載し、協力してもらえるようであれば連絡してほしいとお願いしたため、先方から連絡してくれることが多かった。

一方で、聞き取りを断られることもゼロではなかった。ある方からは、はがきで丁寧に断られた。電話番号が書かれていたため、はがきの御礼に電話をしたところ、過去にCIA（米中央情報局）に思想調査された経験があり、いまだ敏感になっていると理由を述べられた。

戦後沖縄とアメリカの狭間で生きた「米留組」当事者の心境や想いは、戦後沖縄史や近代沖縄史から零《こぼ》れ落ちていくことが多い。

当事者がどのような経験から米留に至ったのか、米留前のアメリカとの接点やアメリカに対する心情を聞き取った。また留学中や留学後、そして現在に至るまでの間について、彼ら・彼女らが語りたいことを重視して聞き取りを進めた。

それによって、「米留組」あるいは「米留経験者」としての自己の振り返りや、時には遠く離れた自身の人生の物語など、さまざまな語りがなされた。

米留経験者の語りは、調査者である私のジェンダー、年齢、沖縄で生まれ育ったことや調査当時は学生という身分であったことが大きく影響しているだろう。つまり、本書に登場する米留経験者の語りは、戦争や復帰前の沖縄社会を体験していない私に向けられたものので、それはアメリカ統治下を生きた経験を次世代へ語り継ごうとする営みでもあった。また同時に、米留経験者自身の人生への意味づけの作業でもあったはずだ。

米留経験者の語りには、「米留組」という枠組みには収まりきらない、人生の物語が溢れていた。私にとってそれは、自分だったらその時代をどう生きただろうか――さらには、高等教育を受けた者として自分はこれからどう生きたいか――を、改めて考えさせるものであった。

第一期生に宛てられた書簡

一九四九年に発足した「米留」制度。最初の選抜試験に合格したのは二人だった。その中の一人、伊江朝章《いえともあき》（一九二五年生まれ）に宛てられた書簡がある。一九四九年一〇月六日付、ニューヨークの国際教育研究所から送られたもので、文末には副所長のドナルド・シャンクのサインがある。伊江のアメリカ留学を許可する正式な合格通知だ（Shank, Letter to Iye, 1949）。

国際教育研究所は、国際教育交流による平和の推進を使命に、一九一九年に設立されたアメリカの非営利活動団体である。戦後沖縄の「米留」制度の創設、経費や選抜試験の実施にはアメリカ政府が深く関わったが、留学生の大学配置やアメリカでの生活の支援は、陸軍省から委託を受け、国際教育研究所が行った。「米留」制度の実施は、政府以外の組織も関与していたのである。

書簡の冒頭には、オハイオ州のウィッテンバーグ大学が伊江の入学を許可し一年分の奨学金を支給するとの記載がある。沖縄の留学生がアメリカで学ぶことができるのは、アメリカの大学や学生・市民団体からの寄付のおかげでもあるということが記されている。

また、伊江が選抜された理由について、「これまでの学業成績、個人の資質」だけでなく、「自国での民主主義的理想の推進にどの程度興味があるかに基づいて評価された」からだと記されている。書簡の最後には、「米国での勉学があなたの知識と能力を高めるだけでなく、帰国後は、米国的生活を自国へ広め、民主主義的な国づくりの発展に貢献することを期待する」とあり、伊江に民主主義の担い手としての役割が期待されている。

書簡に同封された契約書には、ウィッテンバーグ大学が、伊江の授業料と寮費を支給すること、そして、アメリカ陸軍省が、国内の交通費、毎月五五ドルの生活費、健康保険料、それ以外にも必要な衣類代、学期開始前後の滞在費等を支給することが記されている。しかし、プログラムの意図に反する行為があれば、「状況に応じていつでも」契約を破棄する権利を米国政府が有するという記述もある。

戦前、伊江は小学校の教師であった。沖縄戦を生き抜き、沖縄外国語学校で英語を学んだ。

沖縄外語学校は、一九四六年に英語教師や通訳者育成のため、軍政府により開設された。

その半年前には、教員育成のための沖縄文教学校が設立され、両方とも具志川村《ぐしかわそん》（現・うるま市）田場《たば》にあった。一九四九年の夏、グロリア台風で校舎が破壊されたため、首里に移転し、一九五〇年に創設された琉球大学に吸収された。「琉球大学の前身」とも言われている。戦後、沖縄外語学校で学び「米留」を志した者は多い。伊江もその一人だった。沖縄外語学校を卒業し、一年間教員を務めた後、「米留」した。

伊江が学んだウィッテンバーグ大学は、リベラル・アーツのカリキュラムを有するキリスト教系の大学だった。伊江は、大学の学校内新聞『サン（The Sun）』に自らの留学体験について次のような記事を投稿している。

「この国に一六か月前に初めて来た頃は、アメリカは『ワンダーランド（おとぎの国）』であった。しかし、当時と今とではその『ワンダーランド』に違う定義があることを見出している。当時、すべてが新しく、称賛に値するものに見え、いわゆるアメリカ的生活様式（American Way of Life）が二〇世紀の文明を反映するもの、まさにアメリカは楽園でおとぎ話のようなワンダーランドであった。しかしこの一六か月、十分な期間でないかもしれないが、私は深くアメリカを理解することができたと思う。そしておとぎ話のパラダイ

スは、『理解不可能』な意味でのワンダー（wonder,「未知の」という意味）になった」（日付不明）

伊江は、その理由として、自由と正義の国における人種差別、民主主義を謳《うた》う国における貧困と格差の現実など、アメリカにおける理想と現実の不一致を目の当たりにしたことを挙げ、アメリカが称する「民主主義」の矛盾を指摘した。そして、「アメリカの民主主義の精神を学びにきた留学生にとって、その矛盾は、アメリカ的生活様式のすべてを拒絶させるほどの絶望を招くものだった」と綴《つづ》っている。

民主主義の推進という役割を期待された沖縄の留学生が、その期待に真摯に向き合い、アメリカ社会に対する鋭い眼差しを向けた文章である。

しかし、伊江は批判するだけではなく、アメリカ社会に対する将来への期待や可能性についても言及している。最後には、アメリカでの学びを活《い》かし、帰郷後は民主主義に基づき社会改革に尽力するという決意を述べている。

沖縄人にとってのアーカイブズ

「米留」制度について調べ始めた二〇〇九年、私はまず沖縄県公文書館に向かった。南風原町新川《はえばるちょうあらかわ》の高台にある沖縄県公文書館には、アメリカ統治時代の琉球政府文書や民政府文書など、多数の資料が収蔵されており、地元沖縄からだけでなく、日本、アメリカ、ドイツ、アジアなど世界中から多くの研究者が訪れる。

一九九五年の開館には、琉球大学名誉教授であり元沖縄県知事の大田昌秀《おおたまさひで》さんと、同じく元琉球大学教授であった宮城悦二郎《みやぎえつじろう》さんの尽力が大きかった。

沖縄の日本復帰時に、民政府の文書はアメリカに移管され、ワシントン郊外のメリーランド州カレッジパークにあるアメリカ国立公文書館に保管されていた。大田さんと宮城さんは、一九七〇年代後半から何度もアメリカに渡り、国立公文書館で沖縄戦やアメリカ統治関係史料の収集を行った。沖縄戦に関する機密文書等の資料がちょうど解禁された時期で、アメリカ公文書館の地下には封がされたままの箱がいくつも置かれていた。

沖縄県公文書館の初代館長を担った宮城さんは、一九六〇年から約一〇年間米軍準機関誌の記者を務めた経験から、沖縄のアメリカ統治時代をアメリカの視点から考察する研究をしてきた。

大田さんは、一九五四年に「米留」した第六期生だ。沖縄戦を経験しアメリカ統治時代を生きた大田さんだったからこそ、沖縄戦やアメリカ統治の歴史資料を保存し、次世代に継承する重要性を認識していたのだろう。沖縄の歴史に関する貴重な記録文書が沖縄戦で全焼したため、彼は資料収集だけでなく、アーキビスト（公文書館などで働く専門職員）の育成にも力を入れた。そのアーキビストたちによって、公文書館の開館後も、アメリカの国立公文書館を拠点に沖縄関係資料の調査と収集は続けられた。

沖縄県公文書館の専門員（資料公開班長）であり、またアーキビストの第一人者である仲本和彦《なかもとかずひこ》さんは、アーキビストの仕事を「鉱山の探査隊」にたとえる。「鉱脈を探し当て、それを地図に描いて後から来る人に知らせる〈フロンティア〉の役目」があると。「その鉱脈から〈金〉や〈ダイヤモンド〉を掘り出し、目的に応じて加工するのが研究者や一般の利用者だ。そしてアーキビストは鉱脈の全体構造や探索方法などを彼らに手ほどきする」と彼は述べる（『琉球大学創立70周年記念誌』二〇二〇）。

「鉱山の探査隊」の「地図」なしだと、資料に埋もれ迷い疲れることがある。アーキビストたちによって作成された沖縄関連資料の目録や資料群の解説、検索方法の助言は、私にとって貴重な道案内になった。そしてメリーランド州のアメリカ国立公文書館を初めて訪ねた時も心強く夜道を照らしてくれた。

公文書館は、研究者が学術調査を行う場所であるだけではない。アメリカが作成した沖縄に関する記録を通して、沖縄の人々が沖縄の歴史と先人の経験を辿る場所でもある。また、アメリカが沖縄や沖縄の人々をどう見ていたのか、その眼差しを捉えることができる場所でもある。アメリカから向けられた視線は、同時に沖縄人とは何か、自己のアイデンティティへの問いを生み出すものである。

『明日を導く人々』

公文書館で「米留」制度に関する資料調査を始めると、膨大な量であることに気づく。留学制度に関する予算、各留学生に関する情報、留学生との書簡のやり取りが残っている。じつに多くの文書をそのまま残したのだと実感させられる。

「米留」制度に関する興味深い記録映像をまず紹介しよう。

一九五二年に、民政府の民間情報教育部が制作した『明日を導く人々』（Leaders for

「Tomorrow」というフィルムがある。沖縄の男子学生四名に焦点を当て、彼らのアメリカにおける留学経験を詳細に記録したものだ。

映像は約二五分程度で、ナレーションは日本語である。この中では、沖縄の留学生は「琉球人留学生」と呼ばれている。「琉球」という言葉を使うことで、沖縄と日本との関わりを弱めようとしたのは、沖縄を日本と切り離し統治していくというアメリカの「離日政策」に基づくものであったのであろう。日本の中のマイノリティとして日本の国家に包括され、独自の文化を手放し同化を求められてきた沖縄の人々が自己のアイデンティティを復元することが狙いであり、その政策を通してアメリカ統治への理解を得ようとしたのである。「琉球」は統治時代、民政府によって積極的に使用された言葉だったのだ。

フィルムをジェンダーの視点で読み解くと、「琉球人留学生」の男性性《マスキュリニティ》が強調されていることにも気づく。

例えば、アメリカ留学への出発に際する家族との別れのシーンは、まるで戦争に兵士を送り出すようだ。そして「郷土のために」、堅い決意のもといざ出発せんとするような留学生の様子が描かれている。「家族の誰一人としてこの最後のひと時を忘れるものはいない。愛する琉球の土に最後の思いをこめた瞳。父のないただ一人の弟との最後の言葉を交わす」というナレーションが流れ、留学生と家族との「最後」の別れを強調している。「父のない」とあるが、彼には祖父もいない。沖縄戦で戦死した可能性が高いだろうが、フィルムの中では沖縄戦という言葉は一度も出てこない。

また、留学生以外の沖縄住民が後ろ姿で映っている。一人は、留学生の家族との別れのシーンでその様子を見つめる近所の少年、そしてもう一人は、留学生を乗せた軍用船を遠目で見ているクバ笠（沖縄の伝統的な民具）姿の村人である。こうした構図は、後ろ姿の住民と留学生の境界線を引き、アメリカ統治下において重要なリーダーシップを担うのは、まさに男性の「琉球人留学生」であるということを強調している。

一九五二年度にアメリカに渡った留学生計七六名のうち、女性は五名であった。女性たちは軍用機で先に渡米していた。フィルムでは、これらの女性にはスポットは当てられていない。軍用船から降りてくる男性留学生たちを単に温かく迎えるだけの存在、「アメリカの歓迎に花を咲かせています」と紹介されるだけである。女性留学生の従順さが強調されているのだ。

フィルムの中で「琉球人留学生」、とりわけ男性は、アメリカ政府にとって理想のリーダー、すなわち沖縄の戦後を担う良き指導者、そして琉米親善の重要な担い手として描かれている。

つまり、アメリカの庇護《ひご》の下で、民主主義を学ぶ「琉球人留学生」の姿が、冷戦期の日米・沖縄関係の枠組みの中で理想とされた存在として描かれているのだ。

留学生のアメリカでの経験を映し出す場面では、アメリカ人の「慈悲深さ」や「琉球人留学生」が彼らと築いた友情が強調されている。アメリカに到着後、留学生たちはサンフランシスコを展望できるツイン・ピークスを見学し、オークランドのミルズ大学へ向かう。キャンパスでは学長はじめアメリカの学生に温かく迎えられる。そして、すぐに「友情」が築かれる。ミルズ大学でのオリエンテーションでは、留学生が英語の訓練だけでなく、「第二の故郷となる米国」の歴史、地理、政治等を勉強している。また、陸軍省の代表者から一人一人に奨学資金授与の書類が手渡されている。

留学生は、ミルズ大学での予備教育を終えた後にそれぞれの大学に通い始めるのだが、各大学においても温かく迎えられる。留学生が大学に到着して二、三時間後にはキャンプに誘われ、「火を囲みながら見つけた友情」が芽生える。また、チェスやダンスなどといった欧米文化を積極的に学びながらアメリカの学生と楽しそうに交流している。そのような描写をすることによって、留学生を琉米親善の重要な担い手として表象しているのだ。

最後に、フィルムでは「琉球人留学生」があらゆるところで民主主義の具体例に接していく様子が描かれている。例えば、自由討論を行い、投票によって物事を決めていく留学生クラブに参加し仲間たちと議論する様子、アメリカの学生たちが大学の総代委員を選挙で決めていく活動に参加する様子、市政運営の実態を知るために、地方裁判所といった施設を見学し、「有能な民主形態は、世界平和のためにも必要なだけでなく、市民の健康と福祉にも欠くことができないものである」ことを確認する様子などがある。

フィルムのこうした語りに見られるように、戦後の文化外交において、アメリカの大学や学生は、アメリカの民主主義のショー・ウインドーの役を担い、沖縄からの留学生は、そのショー・ウインドーを見て民主主義に接し、それを日本に伝える役割として期待されていたのだ。

アメリカ研究者の土屋由香は、日本語版、英語版と二種類制作されたこのフィルムが、沖縄のみならず、世界の発展途上国でも米国政府広報映画（USIS映画）として上映されたことを踏まえ、「アメリカによる第三世界への援助のモデルケースとして、冷戦下の世界で宣伝価値をもっていたこと」を指摘している（土屋、二〇一五）。つまり、アメリカ政府の支援下で、民主主義を学び戦後沖縄の復興を担う沖縄の若者の姿は、冷戦という世界状況においてアメリカの文化戦略のためのモデルになったわけである。

「米留組」を、民主主義の推進を担う戦後沖縄のリーダーとして描いたのはフィルムだけではない。「米留組」の姿は、民政府が「琉球人と米国人の間の理解を深めることを目的」に、一九五〇年代後半から一九七二年まで沖縄住民に対して発行した月刊誌『守礼の光』や『今日《こんにち》の琉球』にも多く掲載されていた。それらの雑誌は毎月留学生に送付され、家族からの音信以外には唯一沖縄と留学生を結ぶものであったという。

『今日の琉球』には、「アメリカ留学生だより」というコーナーがあり、留学生のアメリカ留学体験が紹介された。「まるで天国で勉強しているような感じ」、「米国で勉強することができて嬉《うれ》しい」など留学生活の充足した様子が伝えられた。また、それぞれの専門分野の視点からアメリカについて紹介することもあった。

雑誌上では、「米留」に関する情報の発信を多く行っていたが、日本で勉強する人々の体験談や記事はほとんどない。「米留」制度の実施喧伝《けんでん》を通して、沖縄の住民に対して沖縄の統治を正当化しようとした民政府の政治的思惑を垣間見《かいまみ》ることができる。

住民に対するアメリカの文化政策

沖縄戦後史を研究した宮城悦二郎は『沖縄占領の27年間―アメリカ軍政と文化の変容』（一九九二）において、アメリカ統治下の沖縄で実施された文化政策を四つの種類に分け、住民たちがそれらの政策を「選択的に」受容したことを指摘した。

第一に、住民らの文化に対する誇りと自信を取り戻させることを目的にした伝統文化の保護や復活に関する政策。

第二に、占領統治にとって不利になるような言論、出版、映画等の文化活動の規制や禁止を徹底した政策。

第三に、国際婦人クラブの活動や琉米親善行事や国民指導員のアメリカ派遣などといったアメリカの生活様式やイデオロギーを推進し、アメリカについての宣伝を重視する政策。

そして第四に、民主主義的制度の導入などの長期的・助成的なプロジェクトとしての人材育成に関する政策。

宮城は、基地維持のためには住民の支持が必要で、長期的展望にたって、アメリカにも沖縄側にも利益をもたらすような計画が必要だとして琉球大学の設置や米国留学、日本留学制度が実施されたとしている。沖縄の住民は米軍統治がもたらした影響を沖縄側に利益があるものとして「自主的に、選択的に」受け入れたと宮城は指摘する。

「米留」制度はアメリカの対沖縄統治政策の中で、沖縄住民が積極的に容認したものであったかもしれない。しかし、アメリカ側の資料をもとにした「米留」制度の詳細や、アメリカ側が「米留」制度をどのように評価していたのかはまだ明らかにされていない。

一九六九年に行われた佐藤栄作首相とニクソン米大統領による会談、通称「佐藤・ニクソン共同声明」で沖縄の日本復帰が決定した頃、同時に「米留」制度の存続も問われたが、民政府は一九七一年二月二日のニュースリリースで、一九七二年に予定されている日本復帰までに学業を修了できない沖縄の留学生を、民政府が引き続き援助することを発表した。

その理由は、「琉球の社会に多大な恩恵をもたらした米留学計画を効果的に終わらせるため」であった。その文面からは、民政府の「米留」制度に対する肯定的な評価があったことが分かる。

では、アメリカにとって「米留」制度はどのような意味があったのだろうか。

アメリカ資金による人材育成

沖縄戦によって、沖縄島の住宅、社会経済組織、公共施設のほとんどが破壊された。一九四五年からの二年間は、アメリカ軍の余剰物資が住民への救済支援にあてられた。

アメリカによる沖縄統治は、一九四六年六月までは海軍が行っていた。一九四五年四月から一九四六年七月における海軍作成の民事活動報告書は、沖縄の教育の状況についてまとめており、一九四六年七月までに戦前の教育レベルに復興することができたと記述されている。また、軍国主義的な傾向のすべてを禁じ、学校の教科書に対して厳格に検閲を行ったことが報告されている（*Report of Military Government Activities*, 1946）。

海軍作成の同報告書によれば、陸軍による沖縄統治の移行にあたり、四つの重要な課題があると記している。第一に、琉球に対する政治的な立場を明確にすること、第二に人口増加問題に対する解決策が必要であること、第三に、琉球全体の政治的な統合、そして、第四として、「琉球の若い男女を海外で教育し琉球の専門的な役割を担わせること」を挙げた。つまり、戦前の指導者に対抗しうる沖縄の若者を海外で教育する案が、海軍による統治時期からあったのだ。

ガリオア基金（占領地域救済政府基金）の活用は、一九四七年から始まった。軍政府は、戦後の経済復興政策として、沖縄に食料・医薬品を援助し、救済・復興支援を行った。その後、アメリカ議会は多額の沖縄の軍基地建設予算を計上するようになり、一九四九年に二五〇〇万ドルだった援助を、一九五〇年度には五〇〇〇万ドルへと倍増した。これらの資金援助により、運輸、食糧、石油販売などの民間企業が次々と創設された（『沖縄戦後史』一九七六）。

沖縄戦後史において、一九五〇年は重要な年であった。前年に中華人民共和国が成立し、五〇年六月には朝鮮戦争が勃発する緊迫した国際情勢の中、沖縄の地理的位置の戦略的重要性が認識され、アメリカ軍による統治政策が本格的に始動したからである。「忘れられた島」とさえ批判された場あたり的なアメリカ軍による沖縄統治の実態を改善するため、アメリカ軍政長官としてジョセフ・R・シーツ陸軍少将が任命され、沖縄の復興と民主化政策を重視した統治政策が実行された。

アジアにおける安全保障体制の拠点「太平洋の要石」として、基地建設に関わる莫大《ばくだい》な軍事費が投入された。沖縄では「銃剣とブルドーザー」による強制的な土地接収が展開され、戦争の傷跡が大きく残る島々は軍事化されていった。

沖縄の長期的な軍事基地の維持について住民を説得する必要性が認識され、シーツ軍政長官は「復興」と「民主化」を重視した政策を次々に実行した。その際、経済復興のみならず、文化や教育の復興に関する政策も重視された。

一九五〇年、アメリカは沖縄に対する政治的な立場を明確にし、陸軍省は沖縄の若者に対するアメリカでの留学の機会を本格的に開始したのである。

沖縄の「米留」制度は、日本の米留学制度とどのような点で異なったのだろうか。それは、派遣者の数と管轄の違いにある。戦後、一九五一年までの間は日本も占領下にあったために、沖縄と同じく陸軍省のガリオア基金を活用して留学生派遣が行われてきた。一九五〇年に発行された“Annual Report of Stateside Activities Supporting the Reorientation Branch Office of the Secretary of the Army"には、日本人と「琉球人」をアメリカに留学させるのは、占領地において民主主義を推進するための再教育プログラムであることが記されている。

しかし、サンフランシスコ平和条約に基づき、一九五二年で連合国による占領が終わると、フルブライト交流計画が実施されるようになった。これにより、日本の場合は国務省の管轄で日米の人物交流が行われたが、沖縄では陸軍省の管轄で留学制度が継続された。沖縄における留学制度の役割は、陸軍省の政治的意図、つまり軍事占領の思惑が反映されていたと考えられる。

また、一九四九年から一九七〇年までの間に日本から五〇八三名の留学生が派遣され、沖縄からの派遣が一〇四五名であったことは、日本本土と沖縄の人口の割合から考えてもいかに沖縄からの留学生が多かったかを示している。

留学生の選抜方法

それでは、沖縄から毎年どれくらいの人数が「米留」し、またどのような分野を専攻したのだろうか。また留学生はどのように選抜されたのだろうか。

民政府は一九七〇年、「米留」制度の総括の中で、留学生の専攻分野の詳細な記録を残している。

先述したように、沖縄からの留学生の総数は二一年間で一〇四五名であった。表①の通り、毎年少なくとも二〇名、多い年には九〇名近くの沖縄の若者が、大学で学ぶためにアメリカに渡った。一九六〇年代前半、反米意識を厳しく取り締まったポール・W・キャラウェイが高等弁務官を務めた頃は、特に「米留帰り」の役割が重要視され、一九六三年には八三名と派遣枠を広げた。

表②は割合別に見る留学生の専門分野を示している。留学生が専攻した分野は、社会科学、人文科学、教育の順に多いことが分かる。その中でも、経営管理学が一〇三人、英語教授法が一〇一人、経済学が九三人と上位を占め、圧倒的に経済学関係及び英語教育が多かった。それらの専門分野は、たとえ受験生が自由に選択したものであったとしても、「経済復興」という占領下政策の意図に呼応するものであった。

では、留学生はどのように選抜されたのだろうか。

表① 年別に見る米国留学生数(計1045名)

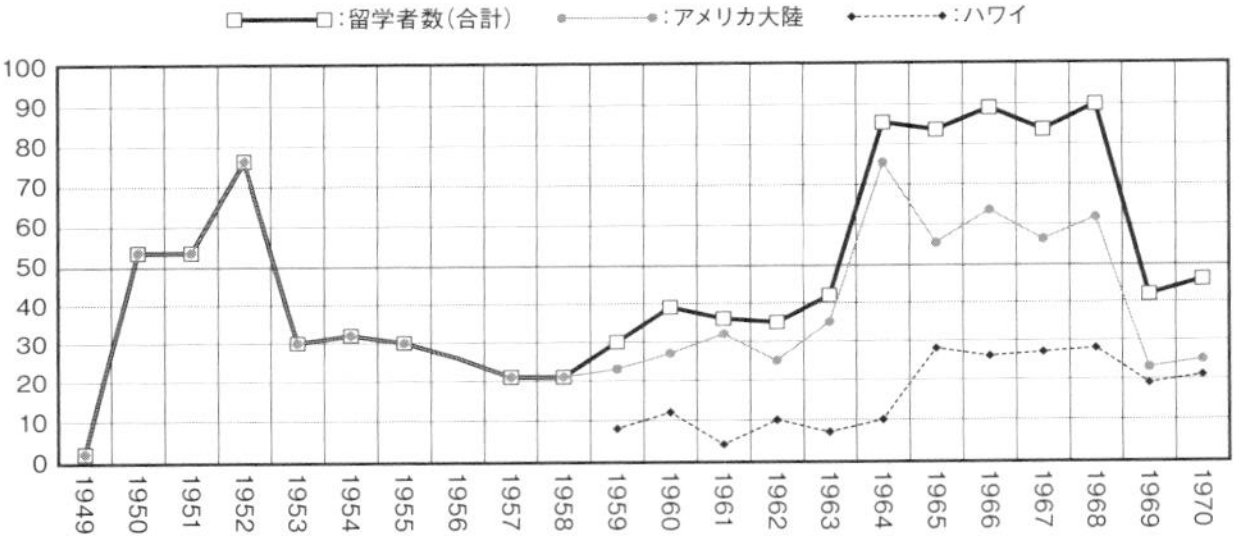

※琉球列島米国民政府による「琉球人奨学制度」の報告書(1970年)をもとに作成

表② 割合別に見る米国留学生(計1045名)の専門分野

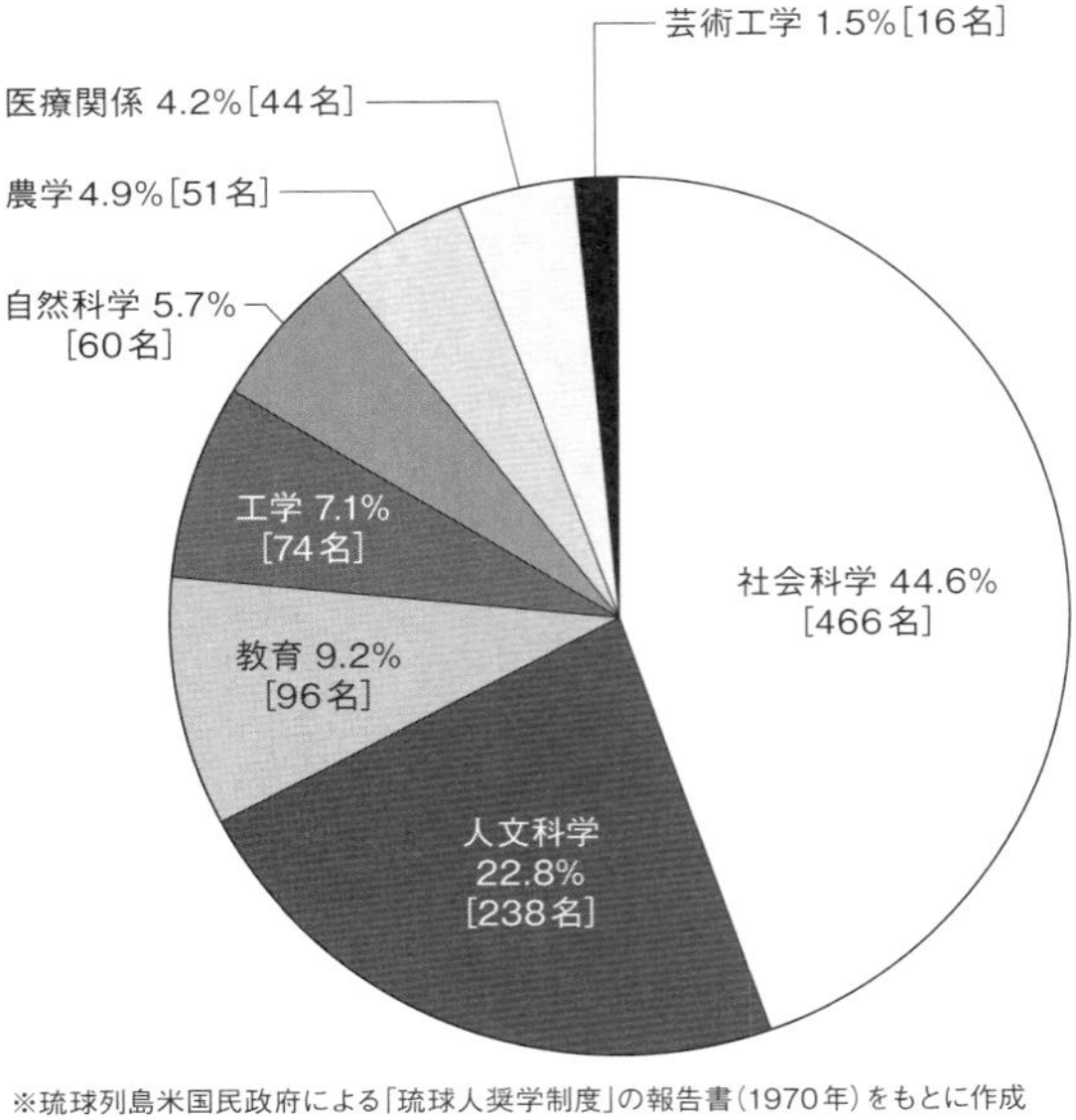

※琉球列島米国民政府による「琉球人奨学制度」の報告書(1970年)をもとに作成

「米留」制度は、最初は学部留学だけであったが、琉球大学の卒業生が出てからは修士課程への留学も可能になった。一九六六年には博士課程への留学制度も設置され、博士課程、修士課程、学士課程の三課程への進学が可能になった。

その一九六六年に民政府から出された留学生募集要項（四月二六日付）を見てみると、応募資格は「琉球に戸籍抄本があれば留学試験を受ける資格がある」と記載されている。

選抜試験は、那覇、石川、名護《なご》、宮古、八重山に分け実施された。

奄美《あまみ》出身者は一九五三年に本土復帰するまでは受験資格があった。しかし、復帰後は「日本人」とされ、受験資格を失った。また、在沖の奄美出身者の人々も、「非琉球人」とされ、当時は沖縄にとって外国であった本土（日本）への留学「日留」や「米留」制度からも排除されたのだ（野入、二〇二一）。

留学に求められる専門分野は、「琉球列島の経済的及び社会的発展」に必要とされる学問分野、という包括的な表現になっている。

また、選抜方法については、次の三つのステップがあると記述されている。

米留生の第一次合格者口頭試験（1960年）
（写真所蔵：沖縄県公文書館）

まず、一次試験の内容は、口頭試験、読解、文法、英作文そして心理試験（適性テスト）であった。毎年四〇〇名以上の応募者のうち、一次試験に合格するのは一〇〇名ほどであるとの記載がある。

二次試験は面接で、「どうして米国に留学したいのか」、「奨学金を受けて勉強することが将来の琉球にとってどのような利益をもたらすのか」という質問がされると、前もって募集要項に書いてある。面接官はアメリカ人と「琉球人」で構成されるとの記述もある。

三つめのステップとして、面接試験に合格した者は、出発前のオリエンテーションを受けることが義務付けられていた。合格者は七月出発まで、前年九月から約一〇か月間、首里にあった「英語センター」で毎週二回の準備教育を、もしくは、四月から六月まで集中準備教育を受けた。民政府文化教育部の教育係官の指導の下で、アメリカの歴史と政治、英語の会話と読解の指導が行われた。

「良きアメリカ人」になるためのオリエンテーション

一九六五年に民政府が発行した「スポンサーガイドブック」と題した冊子がある。民政府関係のアメリカ人が「留学予定者の世話役」、つまりスポンサーとなり、個人的に指導に当たることが記述されている冊子だ。世話役は、留学予定者を基地内の家庭に招いてアメリカの習慣と作法の指導を行うことが記されている（Education Department, *Sponsor's Guide for ARIA Scholarship Program*, 1965）。

中国人留学生のアメリカ留学体験をもとに書かれ、アメリカで出版された *Meet the USA: Handbook for Foreign Students in the United States* という本をテキストとして沖縄の学生に配布し、出発に向けて適切な服装や身なり、文化の違いから生じる問題やその解決方法などについて個別指導を行うのだ。詳細なレッスンプランには、南部のホスピタリティー文化やレディーファーストなどの慣習といった内容も含まれていた。

そのテキストは、一九四五年一一月に国際教育研究所が出版したもので、アメリカで一〇年間留学生として過ごした経験を持つ社会学者のチンクン・ヤンが、自身の経験を踏まえながらアメリカの文化や社会について分析したものである。ヤンは一九三九年にミシガン大学で博士号を取得し、ワシントン大学で教鞭《きょうべん》をとった。テキストははじめは中国語で執筆され、アメリカに来る中国人学生に向けたものであったが、中国人学生以外の外国人にとっても応用が利くものとして国際教育研究所が英訳し編集した。

沖縄の学生に対する渡米前のオリエンテーションでも使用されたそのテキストの内容から、どのようなことが沖縄の学生に期待されたのかを知ることができる。

まず、留学生がアメリカ社会に適応するためにはアメリカの人々の様子を「観察することが一番」とある。例えば、生活習慣と礼儀作法についての章においては次のように書かれている。

「謙虚さは中国の美徳だが、過剰な謙虚さはアメリカ人には理解できない。例えば、誰かがあなたを褒めてくれた時、『いいえ』を連発してはいけない。アメリカ人はあなたが彼の意図を理解していないと思うかもしれないからだ」(*Meet the USA*)

さらに、「中国人同様、アメリカ人もユーモアが大好きだ。社交の場では、いくつかのジョークを話す方がいい。しかし、ジョークを話した後、他の人より先に笑ってはいけない。なぜなら、アメリカ人のユーモアの感覚は私たちのものとは異なるからだ。ユーモアこそ友情を築くのに効果的だから社会経験や漫画からアメリカ人のユーモアを学ばなければならない」とある。

また、アメリカ人女性との交際における注意点について詳細に記されている。「アメリカ人女性にデートを申し込む前に、中国人学生との交際に積極的かどうかを観察し、恥をかかないようにするべきだ。（中略）アメリカ人女性とデートをする時、あなたの振る舞いは非常に重要だ。なぜなら、あなたは彼女がデートした初めての中国人になるかもしれない。中国人に対する彼女の生涯にわたる印象の形成があなたにかかっている。安っぽい映画のテクニックを真似《まね》するのではなく、中国の美徳を用いれば、尊敬と友情を得ることができる」（*Meet the USA*）

アメリカにおける中国人に対する人種差別についての章では、その歴史を概観した上で、「人種的偏見を和らげる最も効果的な方法は、中国と中国文化についてアメリカ人に知らせることである。（中略）その責任を負わなければ、アメリカ人の私たちに対する偏見を払拭する機会を逃すことになるだろう」（*Meet the USA*）と書かれている。

アジア系アメリカ人の歴史を研究するエリカ・リーによると、一九世紀から二〇世紀初頭にかけて、アジア系移民が白人の労働力の脅威とみなされた頃は、中国系アメリカ人は「軽蔑されるマイノリティ」であった。しかし、冷戦期は「良きアジア人」として、つまり、アメリカの実力主義を確証する「モデル・マイノリティ」として、黒人と区別され他者化されたのだ。リーはまた、冷戦の背景において、アメリカが特に中国人留学生を「良いアジア人」として、さらに「反共主義の兵士」として活用したことを論じている。

同じく、*Meet the USA* をテキストとして沖縄の学生を教育したという事実から、沖縄の学生にも同様の役割を期待したアメリカ側の意図が透けて見えてくるのだ。

渡米前のオリエンテーションの一環として、沖縄の学生には米軍関係者であるアメリカ人のスポンサーが割り当てられた。オリエンテーションの資料には、さらに、沖縄からの留学生が直面しうる問題、例えば、「オキナワンタイムは許されない、時間厳守」なども書かれていた。待ち合わせの時間には五分前には着くことが、アメリカにおいて尊敬と友情を築くための重要な方法の一つとして記されている。

さらに、留学生によるスポンサー家庭への訪問、同時にスポンサーの職場への訪問、留学生の専門分野の本のリストの準備、陸軍図書館への訪問、大学カタログの準備、専門分野や大学のカリキュラムについての準備等も行われた。

学生の学びの記録用紙や報告書も付されており、出発前までの月一回、民政府の民間情報教育部への提出が要求されていた。これらはすべて沖縄出身の留学生が「良きアメリカ市民」の一員のような振る舞いができるようになるためのものだった。

戦後初のハワイ留学と思想調査

アメリカ統治下の沖縄において、日本本土を含む海外への渡航は制限され、民政府の発行する「日本渡航証明書」がなければ日本へ渡航することはできなかった。また日本から沖縄へ渡航するのにも内閣総理大臣の発行する身分証明書が必要であった。

民政府による「渡航制限」と「思想調査」の実態については、門奈直樹《もんななおき》の『アメリカ占領時代沖縄言論統制史―言論の自由への闘い』(一九九六)に詳しいが、民政府による渡航拒否の理由は思想上によるものが多かったと推測している。また、機密の漏洩《ろうえい》を防ぐという目的で、アメリカにとって好ましくない人物として日本本土への渡航を拒否される一般人もいた。本土渡航の制限は、沖縄の日本復帰を望み、本土との連帯を求めようとする運動の妨げになった。

沖縄の若者のアメリカへの渡航に関しても、アメリカにとって不利益にならないよう思想上の管理をされていた。共産主義的な反米言動をするものは留学合格を取り消すといったケースや、アメリカの民間諜報《ちょうほう》部員が留学生の読書傾向や交友関係を調査していたという証言がある。アメリカへのパスポートは、民政府によって発行されていた。つまり、民政府によるパスポートの発行は、沖縄の人々の移動を管理する権力と留学生の政治的統制の「道具」であったと解釈できる。

しかし、留学生に対する思想調査の実施に関して公文書の記録として残っているのはわずかだ。その中に、一九四八年に米軍の諜報機関がハワイに留学した沖縄の学生を調査していたことを示す重要な記録が残っている。

戦後の沖縄で最初に米国へ留学したのは、ハワイに住む沖縄系移民コミュニティから奨学金を受け一九四八年にハワイ大学に留学した五名だった。その奨学金は、沖縄戦で荒廃する郷里を支援するためにハワイの島々で沖縄系移民の人々が始めた「沖縄救済活動」で募ったものだった。

沖縄からの海外移民が始まったのは、琉球王国の滅亡からわずか二〇年後の一八九九年だった。日本による琉球併合後の地割制度の廃止と新しい土地整理法の発布に後押しされる形で、多くの人々が出稼ぎや徴兵拒否を理由にハワイや太平洋島嶼《とうしょ》地域、南北アメリカ等に離散した。

沖縄からの最初の移民先はハワイであった。プランテーション労働者としてハワイの島々に渡った移民一世は、異なる文化や言語を理由に「移民」として、「オキナワン」として、ハワイ社会における「二重の差別」を経験した。

そのような中、沖縄戦で荒廃した郷里を救済するため、一九四八年にハワイの島々で展開されたのが「沖縄救済活動」である。琉球芸能や琉球相撲など、文化的な催しを通して救済物資や支援金の収集を行った。豚、山羊《やぎ》、衣類、書物、学用品などを集めて沖縄に送ったのだ。

「沖縄救済活動」は、物資だけではなく教育を重要視した活動も展開した。その中心にいたのは、一九〇八年に今帰仁村《なきじんそん》で生まれ、一二歳の時にハワイに渡った湧川清栄《わくがわせいえい》さんだった。ハワイ大学を卒業し、一九四七年に「沖縄救済更生会」（以下、更生会）を結成した。更生会は「沖縄の救済はまず教育より」とし、戦争で荒廃した沖縄の再建には人材育成が重要であるとした。沖縄に大学を建設すること、ハワイに沖縄の学生を留学させること、その二つを掲げ、その実現に向け運動を展開した。更生会による大学設立の案については山里勝己《やまざとかつのり》の『琉大物語』（二〇一〇）に詳述されている。山里は、更生会が掲げた沖縄の大学設立のビジョンにおいてハワイ大学が一つのモデルであったことや移民としての経験が反映されていたことを指摘した。

ハワイ大学の前身であったカレッジ・オブ・ハワイは一九〇七年に創設されたが、それまでアメリカで大学を有しなかったのは、準州のハワイとアラスカだけであった。一九二〇年にハワイ大学が総合大学として発展した背景には、ウイリアム・クワイ・フォン・ヤップという中国系移民による活動があった。

沖縄に史上初の大学を設立しようとする更生会のメンバーは、ヤップと同じように強い意志と情熱を持っていた。更生会による沖縄での大学設立に向けた動きが、一九五〇年の軍政府による琉球大学の設立にも大きく影響したのだ。

つまり、琉球大学の設立は、「軍政府の政策だけでなく、環太平洋規模で展開された設立運動のうねりの中から誕生した」のであった（『琉大物語』）。しかし、占領政策の一環としての大学設立を構想していたアメリカ側と、更生会の「沖縄人の手による、独自的、自主的大学」といった大学の理念に違いがあった。教育の実権を持つ軍政府が、政策に介入する可能性を有する更生会を排除し、更生会の活動も一九四九年後半には急速に途絶えていった。

軍政府による「米留」制度の設立においても、更生会による留学生の養成から影響を受けたのではないかと推測できる。

また、「米留」制度の管轄の実権が軍政府に握られていった背景を、調査中に発掘した史料をもとに考察したい。

更生会の支援を得てハワイ大学で学んだ留学生に対して、軍政府が調査を行っていたことを示す史料がある。アメリカ太平洋陸軍によって作成されたその調査報告（一九四九年六月三日付）では、ハワイの沖縄系移民コミュニティの支援による留学は、共産主義の学識経験者が深く関与している疑いがあると述べられている（Ryukyus Exchange Students at University of Hawaii, June 29, 1949）。さらに、学生たちが受講したハワイ大学の科目とその授業内容についても言及され、担当教員に共産主義的な言動があることが報告された。

問題視されたのは「民主主義と共産主義」という科目だった。担当していたアラン・サンダース博士は、「連邦機関の報告書で共産党員としてリストに載っている」と記されていた。また、同じくハワイ大学教員のチャールズ・スコット・バスログも共産主義者であり、沖縄の留学生のアドバイザーを務めていると報告した。さらに、同報告書は、更生会のメンバー四名は共産主義者であり、彼らの指導の下、沖縄の学生の専門分野を「農業工学」から「政治学」に変更されたことが「強く疑われる」と報告された。

そして、このような留学のあり方を維持することは、琉球列島、特に重要なアメリカ軍事施設を有する沖縄島の戦略的性質を考慮すれば、あってはいけないと指摘している。

また、さらなる調査の必要性を説き、次のような提案がなされていた。

まず、「ハワイで何が起こっているかを調べるために、信頼できる保守的な琉球人に、この学生たちと接触してもらうことを勧める。この学生たちをアメリカや軍政府の敵に仕立て上げることは許されない」。要するに、一部の留学生もしくはハワイ在住の沖縄人を調査員として雇い、当該学生に対する調査を行うという提案であった。

さらに、「日留」をしている沖縄の学生に対する調査についても、次のように言及されている。

「参考までに、沖縄人連盟（在日沖縄出身者によって結成された団体）は、日本在住の琉球人学生全員と連絡を取らせ、家に招待したり、友人やスポンサーとして行動させたりしている。それに関する計画については後ほど知らせる」

つまり、日本留学に関しても、留学生と接触する状況を活用することで、思想調査を遂行する計画を提案していると推測される。

ハワイの沖縄系移民の支援による留学は、経済的な理由からわずか一年だけの実施で終わった。それに代わってアメリカ軍の資金で「米留」制度が設立され、民政府によって管轄された。米軍側はハワイの動きを踏まえつつ、米軍が管轄する米留制度を設立したと思われる。米国の対沖縄占領政策の意図に沿った米留制度を遂行しやすくさせたのであろう。

本章で見てきたように、アメリカが残した「米留」制度に関する史料からは、軍政府が管轄した「米留」制度がアメリカの沖縄統治戦略の一環であり、そこに政治的な意図があったことが垣間見える。

民主主義の推進、戦後沖縄の経済復興という目的もさることながら、親米的指導者の養成と沖縄占領を正当化し、沖縄住民の理解を得るという目的もあったのだ。さらに、被占領下の沖縄から留学生がアメリカに学びに来ていることを積極的に提示することは、冷戦時代において、アメリカによる民主主義の推進が世界の秩序と平和を生み出すものであるということを国内外に宣伝する目的も担っていた。

アメリカ政府支援の「米留」制度をアメリカ統治の「恩恵」といったように手放しに称賛すること、またアメリカ統治の「遺産」として無批判に継承することには注意を払わなければならないのである。

第二章

「米留組」の戦後とアメリカ留学への道のり

奨学生のオリエンテーション（1966年）
（写真所蔵：沖縄県公文書館）

二〇一〇年の夏、私は「米留組」へのインタビュー調査を本格的に始めた。

戦後、沖縄からアメリカへ留学した方々にまず聞きたかったこと。それは戦前の皇民化教育を受け、悲惨な戦争の犠牲となった沖縄の住民が「元敵国」であるアメリカへの留学をどのように捉えていたのか。つまり、「米留組」がアメリカ留学を志した動機だ。

「米留組」の中には、「軍民一体」を強いられた沖縄戦に少年兵として戦場に駆り出された者がいる。戦火を生き延びるも、多くの学友や恩師、大切な家族を失った者、また生活の糧である畑や自分の生まれ育った場所を奪われた者もいる。「米留組」にとって、アメリカ留学はどのような動機や感情が伴うものだったのか。

当事者へ聞き取りを進めていくと、「元敵国への留学」という問い立て自体が、戦後沖縄の状況や当事者の心境に対する想像力に欠けた、浅はかな理解からくるものだと気づかされた。

「米留組」の戦争体験は、沖縄戦に限られたものではない。日本統治下にあった台湾で生まれ戦後沖縄に引き揚げてきた者や、沖縄戦を逃れ九州へ疎開し戦後引き揚げてきた者もいる。「米留組」は、それぞれの戦中・戦後の体験との関係でアメリカ留学への動機を語る。それは決して「元敵国への留学」という単線的なナラティブではまとめられない。「米留組」の一人一人に、それぞれの戦後があったのだ。

本章では、「米留組」の戦後体験から「米留」に至った足跡を辿る。「米留組」の中には、学部留学だけでなくその後大学院に留学するなど二度、三度、留学をした者もいるが、その場合は最初の「米留」への動機に焦点を当てる。

それぞれの戦後と「米留」への道

「米留組」が渡米した年齢は、一九歳から三〇歳前後だ。戦争によって一〇代の頃に教育を十分に受けられなかった世代である。「米留組」の中には、終戦直後の沖縄を「自分の人生をどう切り拓《ひら》くかという、その道がない時代」（一九五二年留学）、また「いろいろな拘束がなくなり、価値観も逆転してしまっているような状況下で、自分の行動を選択する規範というか、基準がないままに生きているような感じ」（一九五一年留学）という言葉で表現する者がいる。

戦後の沖縄からアメリカへ留学する選択の背景にあったのは、学術的好奇心だけではなかった。戦争を生き抜いたという罪の意識を持ち「死んだ学友のために」沖縄を復興したいと思った者。戦場で日本の軍事教育の行く末を見たような感じであったと語る者。終戦は戦争に駆り出されることがなくなるという一種の希望を意味したと語る者もいた。

人の移動が制限されていたアメリカ統治下の沖縄において、「米留」は沖縄を出る唯一の方法でもあった。日本本土に行くのにも民政府発行の渡航証明書が必携であった時代。アメリカへの渡航は、並大抵なものではない。経済的にも不可能に近かった。「日本はいつでも行けるが、米国は夢の国」（一九五〇年留学）、「制度がなければいけない」（一九七〇年留学）、「息が詰まるような不自由な島から堂々と胸を張って脱出できる機会」（一九六七年留学）など、「米留」は、「閉ざされた島」の閉塞感から逃れ、新しい世界に希望を見出《みいだ》せるものであると意味づけられた。

また、戦後沖縄を生きた人々にとって、アメリカに対する認識は一緒くたではない。留学以前のアメリカとの接点が、アメリカへのイメージを形成するものとなり、また留学を動機付ける要因になっている場合もある。

沖縄県は移民県と称されるように、労働移民として多くの人々が沖縄からハワイ、北米、南米地域や太平洋諸島へ移住した。沖縄とアメリカとの接触は戦前から始まっていた。「米留組」の中には、戦前、家族や親戚にハワイや北米本土への移民経験者がおり、移民先の話を幼い頃から聞いたり、移民先から送られてくる手紙や洋服、お菓子などといった物資に触れたりすることで、アメリカを身近な場所と感じていた者も少なくない。移民経験がある者がいる家庭においては、アメリカは「遠い国のような感じではなかった」のだ。

さらに、戦後沖縄におけるアメリカ軍の駐留も、沖縄の住民にアメリカ文化に接する機会をもたらした。「琉米親善」という名の文化政策によって戦後沖縄社会に浸透していったアメリカ文化。アメリカの文化に触れ、肯定的なアメリカへのイメージが形成されたと留学への動機を語る者も多い。一九五〇年代の後半以降にアメリカ留学した者の中には、特にその傾向が強い。

一九五〇年代はじめに設立された琉米文化会館。アメリカの情報や政策を沖縄住民に周知させる目的の下、琉球列島の五か所に設置され、戦後の沖縄社会にアメリカ文化を浸透させる役割を担った。琉米文化会館は図書館の機能だけでなく、アメリカ映画やジャズのプログラムを提供していた。夜九時まで開館していたこともあり、「米留組」の中には、留学前に琉米文化会館によく足を運んだという者が多く、アメリカに対する強い憧れが培われていったという。

日本本土各地においても、アメリカンセンターがあり、アメリカの文化や歴史に対する知識を普及し、親米的な感情を熟成させる装置として機能した。戦後の貧しさの中で図書館がなかった時代であり、多くの若者が利用した。琉米文化会館では、「米留」経験者による記事が多く掲載された民政府の広報誌『守礼の光』や『今日の琉球』の配布もあり、「米留」への道案内の役割も担った。

朝鮮戦争後、沖縄の基地建設が進む中、賃金の高い基地に仕事を求めるため英語習得に対する熱気が高まっていた。「米留組」の中には、生活費や学費を稼ぐために、留学前に米軍基地内でガーデナーなどの仕事をしていた者も多い。芝生が広がる庭や大きなプールなど、かつて経験したことのないアメリカの豊かさを見せつけられた。

一九六三年、二七歳の時ミシガン州立大学に留学したある男性（一九三六年生まれ）は、留学前に基地内の家庭でガーデンボーイをしていた。アメリカ人宅を一軒ずつまわり雇ってほしいと嘆願し、ようやく許可を得たという。ガーデナーのアルバイトを通して、豊かなアメリカの生活を目にした。まず驚いたのは、水洗便所の水が流れた時。「滝のごとく流れる水に圧倒された」と苦笑いする。一度はこのような豊かな国で暮らしてみたい、そう思うようになった。「アメリカ人がタバコを捨てると、沖縄の人は拾って吸うような時代だった」と振り返る。ガーデナーの仕事は食事つきで一日一ドルだった。ある日、雇い主の女性からトマトのスープをもらったことがある。トマトのスープなんて考えられなかった。それゆえか、そのトマトスープを飲んでお腹をこわしたという。

宮城清宏《みやぎきよひろ》さん（一九三七年生まれ）のアメリカ留学への動機は、基地と隣合わせの生活とアメリカとの物質的なつながりによるものだった。宮城さんは名護に生まれた。沖縄島中部の基地は現在のようにフェンスで囲まれていて住民はアクセスできなかったが、北部の名護にある基地にはフェンスのようなものがなく、小学校や中学校のグラウンドが基地として使われていたこともあり、住民は比較的簡単に基地に入ることができたという。基地には壊れた機械が捨てられている場所があり、住民はそれを拾って使用していた。宮城さんは、子どもの頃、大人たちが基地から拾った機械を修理するのを傍《はた》で見て、自動車のエンジンなどアメリカ製のものは格段に質がいいと感じたという。一九六四年、二四歳の時にデトロイト大学に留学し、機械工学を専攻した。

「米留」に対する関心は沖縄島だけでなく、他の島の若者にとっても同様であった。

一九七〇年に一九歳でハワイ大学に留学した下地良夫《しもじよしお》さん（一九五〇年生まれ）は、宮古島出身の先輩が「『米留』後に島に戻ってくると眩しい感じがした」と語る。日本に留学する「日留」は経済的に難しいため、「米留」試験に受かって留学したいという気持ちがあった。しかし、在学していた琉球大学のキャンパスでは軍の諜報機関が学生の思想調査を行っており、「うっかり物を言えない状態」だったと当時を振り返る。

キャンパスで三名以上集まって立ち話をする際は、特に注意が必要だったという。なぜなら、その中の一人が諜報機関と関わりがあり、反米的な発言がないか情報収集をしている可能性が否定できない雰囲気があったからだ。米留経験者の多くが、渡米前に情報諜報機関に自分や家族・親族の政治的傾向を調査され、「米留」の道が閉ざされることを懸念していたことを語った。下地さんにとって、「米留」への出発は、そのような「鬱積した状態から解き放たれたようだった」という。

一方で、基地建設のための強制的な土地接収やプライス勧告（一九五六年に米議会調査団が出した沖縄の軍用地問題に関する報告書）に対する島ぐるみ闘争など、アメリカに対する抗議活動が増す時期に留学した者は、アメリカ留学に対する葛藤があった。アメリカ留学の夢を現実にするためには、反米運動への関わりを一切絶つ必要があったからだ。「米留に行った人は、体を張って反対していない」（一九六七年留学）という言葉に表れるように、ある種の後ろめたさを感じながらも、戦後の沖縄で自己の人生を生きる手段として「米留」を選んだのだった。

アメリカ統治下における沖縄の不条理に対して思想的には反対していても、留学の機会を失うリスクがあるため、自分の政治的志向を隠して、「米留」の機会に挑んだのである。

「日留」と「米留」

そもそも「米留組」は、なぜアメリカ留学を選んだのだろうか。なぜ、「米留」だったのかを考察するにあたり、「日留」の存在を理解する必要がある。

日本本土では、戦争によって経済的な困難から大学を中退せざるを得なかった沖縄出身の学生が少なくなかった。県外在住の有志が協力し、県外在住の沖縄出身学生に対して支援を行っていたが、台湾などから戦後引揚者が増えるにつれて支援対象も増え、学生への支援が十分にできなくなった。

そこで、「米留」制度の設立と同じ年の一九四九年、軍政府は日本留学制度（日留）も設立した。軍政府は「日留」制度設立に向け、まず戦争で教育を中断された沖縄在住者と本土の沖縄出身者に勉学の機会を提供し、その後に沖縄の高校と、一九四六年に軍政府によって設立された沖縄文教学校（教員養成学校）や沖縄外国語学校（通訳者養成学校）の卒業者へと枠を広げた。

軍政府支援の「日留」は契約学生制度と呼ばれた。「契約」と呼ばれたのは、「卒業後沖縄に帰還して建設的な業務に就く」という「契約」を軍政府が学生に要求し、契約を交わした上で、学資や生活費一切の金額を支給したからである。

一九四九年に九八名、一九五〇年に二〇八名、一九五一年に八七名、一九五二年に六二名と、計四五五名の沖縄の学生が軍（民）政府から奨学金を得て、「契約学生」として日本本土で勉学をする機会を与えられた（『沖縄の戦後教育史』一九七七）。

しかし、一九五二年六月、民政府は予算を理由に契約学生制度を打ちきった。「米留」制度が本格的に実施されるこの時期での契約学生制度の打ちきりは、民政府が沖縄の学生の日本留学に対して前向きではなかったことを示す。

琉球政府の財源で「日留」を維持することは困難だった。琉球政府は制度存続の援助を日本政府へ陳述要請したが、日本政府の援助による「日留」制度の創設には、施政権者である民政府の承認を得なければならなかった。その承認を得るため、那覇日本政府南方連絡事務所が民政府と交渉を行った。

一九五三年二月、那覇日本政府南方連絡事務所長の今城昇は、承認依頼の文書を民政府宛てに送った。その返書には、民政府が、沖縄の学生が学ぶ専門分野について日本政府の介入を歓迎していなかったことが記されている。返書において、民政府は日本政府と琉球政府との直接の接触を認めず、一九五三年三月に設立された「琉球育英会」を通して行うよう提案した。また「琉球復興のために緊急に必要な人材を養成する」という目的に適した学生の専門分野に関しても、日本政府が決めるのではなく、琉球育英会の理事会によって決定されるべきであると伝えた。

その理由について、「緊急に必要とされている学生の専攻分野についても、琉球育英会が一番よく承知しており、（中略）日本政府が同理事会たちのように、よくその需要を知る立場にあることは、殆ど期待できません」と言及した（同前）。

そのようなやり取りを経て、軍（民）政府支援の契約学生制度が廃止され、日本政府の援助による国費沖縄学生制度（国費留学）が始まるものの、ある条件が民政府によって求められた。必要とされる場合は、どの学生でも、琉球育英会の要請の下、停学にし、琉球諸島に帰還させることができるようにと提案してきたのだ。「琉球側が一部の学費補助を与えており、琉球育英会としては例えば、日本における共産党やまたはその運動に関係する学生に補助を与えるということが、殆ど考えられないから」とした（同前）。それらを条件に、日本政府支援による国費留学の創設が承認されたのだ。民政府は、医学など技術を重視した援助であれば認めることを示した。

日本政府の資金による「日留」制度を認めつつ、学生の専攻分野の決定や学生の身分の取り決めに関しては民政府が管轄していく姿勢からは、第一章で述べたようにアジアにおける「反共産主義の要」として沖縄を保有していくというアメリカ統治の政治的目的が透けて見える。

つまり、アメリカ統治下においては、「日留」と「米留」の両方が、アメリカ統治の政治的な思惑から逃れることができなかったのだ。

琉球政府は、日本政府の援助による国費留学の継続を「日本政府の親心」からくるものであると感謝の意を表している。一九五五年三月に琉球政府から日本政府へ提出された留学生枠の増員を依頼する嘆願書には、三八名から五〇名への増員が依頼されているが、その理由として、「琉球住民は、祖国復帰の悲願を抱くと共に母国文化にあこがれ、その研究が出来るように切望している」、しかし、戦争で財産を失い、経済的な理由から「母国留学ができない青年が幾多ある」と書かれている。それに対し、日本政府は一九五五年度より採用枠を五〇名に増員した。

さらに、一九五五年一〇月には、沖縄で実施された試験に合格した者であれば、自費でも本土の大学に入学する道が開かれた。制度がなければ本土での就学ができなかった時代だ。これは、当時の沖縄における教育環境を考慮し、国立大学に枠外の定員として沖縄の若者の入学を許可するものであり、自費沖縄学生制度（自費留学）と呼ばれた。

一九六九年九月、国費留学制度に関する「契約書」をめぐり、文部省（当時）に対する抗議が起こった。九月一九日付の『琉球新報』によると、広島大学に在学中の沖縄の学生が政治活動を理由に身分を打ちきられ、文部省は四・二八デモ（サンフランシスコ平和条約による沖縄の分断支配と基地化に抗議するデモ）で起訴されたことが原因であると説明した。政治活動を理由に文部省が国費留学生の身分を剝奪できるのは、「契約書」の存在があるからだとし、沖縄の学生一一名が「契約書は弾圧の具」であると抗議した。

沖縄の国費留学生の場合は、①本土の社会秩序に違反しない、②在学中は、勉学に専念し、文部省の指示と大学の学則を忠実に守ること、③奨学金の増額は要求しない、の三つの条件があり、それらに違反した場合は契約を打ちきる、ということになっていた。文部省と琉球育英会東京事務所は、契約書の内容に問題はないとした。一方、本土出身の学生にはそのような「契約書」は求められていなかった。政治活動を理由に身分を剝奪することとは、「沖縄・安保闘争の盛り上がりに脅威を感じた政府の事前弾圧」であると沖縄の学生は抗議したのだ。

国費留学制度は一九七七年まで続いた。一九七〇年、沖縄の復帰が決定すると、留学制度の存続が問われた。沖縄ＰＴＡ連合会長及び本土沖縄学生父兄会長からは継続要請が行われた。日本政府が援助を打ちきることは、沖縄の中学・高校生に混乱を招き、本土復帰に対して不安を与える恐れがあるという理由からだった。復帰後こそ人材育成が重要であり、優先されなければならないと要請したのである。

その結果、一九七二年までは一七〇名、復帰後は医療系に限定するなど派遣人数を減らし、一九八〇年まで、日本政府による援助が継続された。一方、自費留学については、採用人数を制限しつつ、一九七四年度まで継続された。

『国・自費沖縄学生28年のまとめ』（一九八〇）によれば、国費及び自費留学生の専攻分野は、医学、歯学、薬学系を始め、商船・理工学、農水産、獣医、家政学、文科系などであった。一九五三年から一九七二年まで、「日留」で学んだ沖縄の学生の数は合計三五九六名に及んだ。内訳は国費留学生が一九七三名、自費留学生が一六二三名だった。専門分野は、医学が最も多く、国費六二〇名、自費二一六名、合計八三六名で全体の二三％だった。

「日留」への動機は、「米留」と同じく、戦後沖縄の状況から抜け出したいという思いであった者も少なくない。しかし、医学や薬学など、「日留」でしか学べない分野があったこと、また「米留」の留学期間が一年間からと不確定であったのに対して、「日留」は最初から四年間の留学が保証されていたことも、「日留」へと動機付ける要因であった。「日留」で学位取得を目指し、その後に「米留」を考える者も少なくなかった。

「日留」の機会もある中で、戦後の沖縄の若者が「米留」へ向かった背景には何があったのだろうか。個々の事例を詳しく見てみよう。

「人生どう切り拓くかその道がない時代」米須興文《こめすおきふみ》さん（沖縄戦当時一四歳）

「大降りの雨だった。雨の中を必死で歩いて、半ば走るようにして試験会場に向かった。ずぶ濡《ぬ》れだった」

「米留」の面接試験の日のことをこう振り返るのは、一九五二年にオハイオ州のマスキンガム大学に学部生として四年間留学をした米須興文さん（一九三一年生まれ）である。

面接試験の会場は那覇市泊の崇元寺《そうげんじ》敷地内にあった琉米文化会館だった。当時、二次試験の実施案内は新聞等で公開されていなかった。面接の日だとは知らず、その日、米須さんは体調が悪く寝込んでいたのだ。

控室に米須さんの姿がないことで電話がかかってきた。当時、米須さんは米軍基地でバーテンダーの仕事をしていて日本人従業員の宿舎に滞在していたが、アメリカ人の友人が宿舎に呼びに来てくれて、驚いて飛び起きた米須さんを部隊のアメリカ人がジープで那覇へ連れて行ってくれた。しかし、着いたのはUSCAR（民政府）の建物。そこは試験会場ではなかった。崇元寺の琉米文化会館までは歩いて一〇分ほどの距離がある。ジープはもう帰ってしまっていて、米須さんはずぶ濡れで崇元寺へと向かった。

「プールに飛び込んだぐらいずぶ濡れになったんですよ。駆け込んだ途端、名前を呼ばれたんです。僕の順番まで来ているんです。しずくがポタポタ滴り落ちる姿で入っていったわけです」

面接官は日系二世の女性だった。米須さんの姿を見ると、"Oh, my, you are all wet!"（あら、ずぶ濡れですね！）と言った。そこで米須さんが、"Oh, yes, ma'am. I'm soaked."（はい。びしょ濡れです）と応えると、"Isn't it a nasty day?"（嫌な天気ね）と女性が言う。"Sit down. Sit down. I am all right."（どうぞ座って。私は構わないわよ）といったふうに二人は自然に会話を始めることができた。面接は非常に和やかな雰囲気で行われた。「雨も幸運になった」と当時を振り返る。

米須さんは、沖縄戦が始まる前の一九四五年一月から一九四六年末まで大分県に疎開していた。疎開先は、山間にある浄土真宗の寺だった。疎開後、病気で母を失った米須さんは、弟と二人その寺に世話になったのだ。寺で過ごした日々が、その後の人生を決定付ける原点であったと話した。

寺の住職は読書家で、本堂の本棚には数千冊の本が並んでいた。終戦直後、図書館はほとんど消失していた時代である。

「軍国少年の夢を失い、底知れない無力感を抱いていたこともあり、読書は大きな癒やしだった」

寺の本棚には、新渡戸稲造《にとべいなぞう》の留学記『帰雁《きがん》の蘆《あし》』があった。

「当時としてはね、これは全くのもう夢物語なんですよね、終戦直後の日本では」

実現できそうもない夢でも、子どもであった米須さんのアメリカ留学への夢はどんどん膨らんでいった。

米須さんにとって忘れがたいもう一つの出会いは、寺で聞いたNHKラジオ英語講座「ラジオ英語会話」、通称「カムカム英語」だ。ラジオを持つ家庭はほとんどなかった時代、米須さんは毎日午後六時一五分になるとラジオから流れてくる「生の英語」に耳を傾けた。講師の平川唯一《ひらかわただいち》さんの英語と学校で習ってきた英語との違いに衝撃を受けた。平川さんが話す英語やゲストとして出演する進駐軍のアメリカ人の英語を聞き、「英語とはこういう音でできていたのかと目からうろこの落ちる思い」がしたという。

沖縄に引き揚げてきたのは一九四六年末。戦後の沖縄の生活はアメリカ式になっていると思い、英語が勉強できることを期待し帰郷した。しかし、沖縄の荒廃ぶりを目の当たりにする。米須さんの家は跡形もなくなっていた。「国破れて山河さえ形を変えてしまった沖縄」に愕然《がくぜん》とした。「アメリカ式どころか、戦争の後遺症が歴然として、人々の心も難民の心に変貌していた」と述懐する。

米須さんは、「本物の英語」に触れるため、「二四時間英語に浸かった仕事」がないか探し、米軍基地でのバーテンダーの仕事を三年ほど続けた。バーテンダーの仕事では、スラングを覚えて「アメリカさん」を笑わせたりしたこともあったという。バーテンダーの仕事について語る米須さんの声は明るかった。

英会話だけでなく、『タイム』や『ニューズウィーク』といった英文雑誌や本があり、仕事の合間に読むことができた。ジャズやポップミュージックのレコードも多くあり、アメリカの音楽に触れ、英語のリズムを習得したという。

「まああれですね、あの当時はね、まだ琉大（筆者註：琉球大学）もできてなくて、大学というのが今の若い人たちが考えるようなところじゃないわけですよ。大学に行かなきゃならんという気持ちはあまりなかったわけですよね」

一九四七年、大分の寺で抱いたアメリカ留学への夢がだんだん現実味を帯びるようになる。ハワイに移民した沖縄の人々が中心になり、戦後沖縄救済活動の一環として、沖縄に大学を建設し、ハワイへ留学させる動きがあった。そのニュースを聞いた米須さんは、「日本とはつながらない、ハワイとつながっている大学」ができること、ハワイと沖縄がつながることに大きなロマンを感じたという。

しかし、ハワイの沖縄系移民による大学設立の話は消え、一九五〇年、軍政府により琉球大学が創立された。また、先述の通り、一九四九年、軍政府によって日本の留学制度

（「日留」）とアメリカへの留学制度（「米留」）が設立された。

「日留」と「米留」に関する告知は新聞でなされたが、「日留」の告知が「米留」よりも早かった。米須さんは、母校である野嵩《のだけ》高校（現・普天間《ふてんま》高校）に「日留」の願書をもらいに行った。その日は日曜。宿直の先生は、米須さんに高卒では無理だと言いきった。戦前、大学に進学し徴兵された者や高校の職員も受けるから高卒には無理な話だと言われ、「すごすごと帰って来た」。一九五〇年の「日留」の試験は諦めることにした。

「だけどね、結局それで良かったと思うのはね、すぐその直後ですよ、僕の胸が悪くなって」

その年、米須さんは結核を患う。その頃には、「日留」だけでなく「米留」も設立されていたが、「米留」の告知を知りながらも、受験することができなかった。そしてその翌年、「米留」に挑んだ。

「愉快でした。とにかく、試験は全部分かる」

筆記試験は、リーディングや文法中心ではなく、リスニングが主だったため、基地のバーテンダーの仕事で英会話を鍛えた米須さんは「米留」試験に苦労しなかった。また、三つほどのテーマから一つ選んでエッセイを書く自由英作文もあり、米須さんは"My Mother"（私の母）というテーマを選び、亡き母への想いを綴った。

「元敵国への留学」について米須さんに聞いてみた。

――戦後間もない時期に元敵国に行くということに関して何か葛藤がありましたか。当時、アメリカと戦後の沖縄では経済的なギャップも大きく、アメリカ留学に対する憧れの気持ちもあったかと思うのですが、葛藤や矛盾といった気持ちはありましたか？

「それは当然の疑問だと思います。ただ当時の若者としてはですね、進学できるということはね、非常に大きいわけですよ。その、たったこの前まで戦った相手じゃないかなんていうようなこと考えませんよ。とにかく進学できる。特に『米留』の場合は、元敵国に行くわけですから、ひっかかりはなかったのかと考える人が多いみたいですけどね、いやもうそれよりもとにかく大学に行けるということの方が大きかったとしか答えられない。とにかく大学というのがないわけですからね。今後自分の人生をどう切り拓くかというその道がない時代ですからね、その道が突然できたわけですよ、そしたらもうそれを進むしかないわけなんですよ」

米須さんは、出発の日の不安をよく覚えている。

二次試験に合格した者でも、何らかの理由で合格が破棄される者がいたからだ。「戦々恐々でした。二次試験を受けてその発表があって、これで終わったとは思えなかった。いつ削られるか分からない」と不安を抱えていた。実際に港に行って帰された者もいる。

出発の朝。集合場所は那覇の民政府建物。自宅からは車で三〇分以上かかる。バスで行く予定だったが、朝、父がタクシーで行こうと言った。タクシーなんてめったに使わない父。米須さんの出発に興奮していた様子が分かった。

「船に乗るまで全然安心できない。出発の朝、USCARの広場に集合して、点呼を受けて、それから軍用バス二台で勝連のホワイト・ビーチに。一号線通ってね。今の五八号線です。そのバスの中で池村《いけむら》君（筆者註：同時期に米留した池村博司《ひろし》さん）が大きな声で『おーい、どうやらアメリカへ行けるらしいな』って言って。皆、苦笑いしていました」

ホワイト・ビーチに到着し、いよいよ乗船する時が来ても安心できなかったという。ホワイト・ビーチは軍の施設であった。出発の日は、見送りの者も入ることが許可されていた。出発が取り消され、見送りの人と一緒に帰る羽目になるのではないかと最後まで不安があった。

「軍用船に乗り込み、上に荷物を持っていきますが、それでもいつ下から名前を呼ばれて降りてこいと言われるかもしれないという不安感がありました」

――安心はできないのですね。

「いよいよ出航となって浅橋の間に海が見えた時に、これで大丈夫だと」

出発に際して最後まで不安だったのは米須さんだけでない。宮良用英《みやらようえい》さん（一九二八年生まれ）は一年前の一九五一年、実際に港から帰されていた。

宮良さんは、「米留」に合格し、渡米に向け出身地の八重山から沖縄島に来ていた。出発の日のことをこう語る。

「（港から返された理由は）今日まで分からない。聞いたこともない。僕は政治的に左翼的なあれは全然なかったわけさ。何もない。何にもしていない」

宮良さんは沖縄島で沖縄外国語学校に進学した。「米留」が取り消しになった理由は、沖縄外国語学校で学生会長をしたことではないかと推測する。学生寮の食事の改善や電気を二四時間使えるように、といった学生からの要望をまとめ、民政府に伝える役割を担った。それ以外の理由は考えられないと振り返る。翌年、再度「米留」試験を受け合格した。

一九五二年七月、米須さんと宮良さんを乗せた米軍用船はホワイト・ビーチを出発し、横浜経由でサンフランシスコに到着。それぞれオークランドのミルズ大学でのオリエンテーションを経て、米須さんはマスキンガム大学に入学して英文学を専攻、宮良さんはオレゴン州立大学に入学して政治学を専攻した。米須さんは当時二一歳。宮良さんは二四歳だった。


「遠い国のような感じはなかった」東江康治《あがりえやすはる》さん（沖縄戦当時一六歳）

「アメリカというのは、そんなに遠い国のような感じはしなかったですね。だから、戦争が始まった時も、ちょっと複雑な気持ちだったけれどね。そんなのはみんな胸の中にしまい込んで、見知らぬ顔で」

そう語るのは、一九五〇年、ニューメキシコ大学に入学した東江康治さん（一九二九年生まれ）である。

東江さんの両親はアメリカへの移民経験があった。父はカリフォルニア郊外の日系人が経営する農場で働き、一五年働いた後に十分な収入を得て、結婚するために沖縄に帰ってきた。結婚後、父はまた一人で渡米した。子どもを実家に預けて母もカリフォルニアに渡った。東江さんにとってアメリカは身近な存在だった。カリフォルニアでの農業の仕事、親戚や友達の話を、父からよく聞いていた。アメリカから手紙や小包、例えば乾燥フルーツやジーンズ生地の衣類などが、いろいろ送られてきた。

東江さんには一一歳上の兄がいる。フランク・ヒガシさん（一九一八年生まれ）だ。アメリカで生まれ、三歳の時に沖縄に戻り、一九歳まで沖縄で過ごして、一九三七年、再びアメリカに渡った。アメリカで生まれ沖縄で育ち、再びアメリカに帰ったいわゆる「帰米二世」である。

一九四一年一〇月、真珠湾攻撃の約二か月前。フランクさんはアメリカ兵として徴兵された。当時の手紙は船便で二か月くらい要した。「アメリカの国のために働く」と伝えるフランクさんからの手紙が届いたのは一二月中旬、真珠湾攻撃の後だった。

日米開戦は、東江さんが県立第三中学校（現・名護高校）に入学した年だった。東江家ではアメリカの話題を口にすることはなくなった。東江さんもアメリカに兄弟がいるということは周りに一切話さなかったという。同じく沖縄で生まれた弟の平之《なりゆき》さん（一九三〇年生まれ）も同じだった。アメリカに兄がいるということを知られたら何らかの嫌疑で捕らわれかねない。自分の身を守るために、勤労奉仕をかねた農作業の手伝いなどを人一倍やったという。

一九四五年三月。県内の男子中学生で構成される少年兵部隊「鉄血勤皇隊」が結成される。召集年齢の下限は一七歳だったが、沖縄では一四歳にまで引き下げられていた。当時一六歳の康治さんは鉄血勤皇隊として戦場に送られることになった。「みんな胸の中にしまい込んで、見知らぬ顔で。学友が隣で撃たれても、その時は怖いとか悲しいとか、何の感情もありませんでした」と静かに語った。戦時中、康治さんは、アメリカ兵による銃弾が右胸を貫通するという重傷を負った。

一四歳であった弟の平之さんも鉄血勤皇隊の護郷隊に配属されることになった。護郷隊とは、一〇代の少年兵によって構成された日本軍のゲリラ戦部隊である。情報班に配置された平之さんは、ナングスク（名護グスク）の鳥居の脇から名護湾のアメリカの艦船を見張ることが日課であったという。ある日、凄《すさ》まじい艦砲射撃を浴びせられ、裏の谷間に走って逃げたが、それでも絶え間なく続く射撃を逃れるため、近くにあった壕《ごう》に飛び込んだ。その後、壕から出た時の光景を次のように述懐している。

「壕から出て、隊に戻って隊長に報告しようと歩き出した途端、愕然として足を止めました。我々が通る筈であった谷間には直径十四、五センチぐらいの木が何本も根こそぎ倒されているのを見て言葉を失った。（中略）虫けらのように個人の命が粗末に扱われていた、としか言いようがないですね」（『研究者（当時10代）による太平洋戦争体験談』二〇一三）

一方で、アメリカ兵となった兄フランクさんは、アメリカ軍軍事情報部（ＭＩＳ）で通訳や言語解析を行う二世通訳兵として沖縄戦に加わった。サイパンの後は沖縄戦で住民の命が危ないと感じたフランクさんは、名護にいる家族の安否が心配だった。家族に会えるのではないかという期待を胸に、日本語と沖縄の言葉を話すことができる一〇名のチームで構成された第二七歩兵師団の一員として、沖縄戦に加わった。そして、家族が名護の山に避難していることを知り、フランクさんは山に向かった。投降を躊躇《ためら》った康治さんを家族が説得し、フランクさんと家族は一緒に山を降りてきた。その後、旧羽地村伊差川《はねじそんいさがわ》の収容所で生活したという。終戦の二か月前、六月中旬の話だ。

敵味方に分かれた兄弟のエピソードは、二〇一一年、終戦記念の特別番組として『最後の絆《きずな》―沖縄　引き裂かれた兄弟　鉄血勤皇隊と日系アメリカ兵の真実』と題し、フジテレビでドラマ化された。ドラマの中では、家族の中の悲劇的対立と葛藤が描かれている。

康治さんにアメリカへ留学した動機を聞いてみた。

「結局、負け戦ではあったけれど、戦争が終わって皆ほっとしてね。むしろ、若者は希望を持ったと思うんですよ。もう戦争に駆り出されなくてすむと。もう死ななくてもいいんだと。そういう時代でしたからね。『米留』試験を受けるといっても、敵の国に行くような意識は全くなかったですね。大学に勉強しに行くんだというだけでね」

戦後、康治さんは郷里の名護で小学校の代用教員をした。一九四六年四月に沖縄外国語学校に入学し、八月に卒業すると、志喜屋孝信《しきやこうしん》知事が先導する沖縄民政府文教局において翻訳官を務め、教科書の検閲の仕事をしていた。軍国主義的でないかを検閲し英語で報告する仕事だ。

一九四九年には、琉球大学の開学前の作業などをした。首里に琉球大学が開学すると、図書館の司書として、図書館に入ってきた英語の本を分類して、ラベルを張り図書カードを作る作業に取り組んでいた。「日留」と「米留」が設立されたというニュースを知ったのは、図書館で勤務していた時だ。

――どうして「日留」ではなく「米留」を選ばれたのですか。

「『日留』は、新卒の高校三年生や前年に高校を卒業した人たちが多く受けていました。試験は国語、数学、社会、理科、英語でした。（中略）英語と小論文だけの『米留』ならチャンスがあるだろうと思って、『米留』を受けたわけです」

――アメリカに対するイメージや期待はありましたか。

「戦後五年経っていたから、アメリカ人の友達もいました。軍の将校クラブでも一年近く働いていたこともありましたから。アメリカに留学するといっても、外国に行くというような感じはなくてね。豊かな夢のような国に留学するというので、うきうきしてね。特に朝鮮戦争が始まって、この戦争がまた沖縄に飛び火するかもしれないと皆心配している時でしたからね。とりわけ沖縄を離れることに対して、喜び勇んで出ていったということですね。『君らはいいな、戦争が始まりそうなのに』なんて言われたり。そういう雰囲気がありました」

「日留組」や「米留組」と「組」がつく呼び方の意味については、次のように語った。

「数の上では圧倒的に『日留』が多かったわけですが、『日留』を終え『米留』に引き続き進むという人もいました。結局、留学してきた人たちに対する期待のようなものがあったのだと思います。いわば大学を出たということに対する期待です。(中略) 戦後の沖縄の復興が県民全体の大きな課題でした。特に大学を出ると、それだけ皆の期待もあり、また自分自身も郷土の復興のために貢献しようかという気持ちになる人が多かったのではないでしょうか」

――行く前からもそういう気持ちでいらっしゃいましたか。

「おそらく行く前からね。行って、自分のために学ぶというよりは、沖縄の復興のために学ぶんだという気持ちを持つ人たちが多かったんではないでしょうか」

戦前の沖縄には大学が一つもなかった。戦後、大学教育を受けることは、「米留」、「日留」にかかわらず、大学教育を受けた者への期待、そして責任が伴うものであったのだ。康治さんの「大学教育を受けた者の責任」という言葉は、今でもずっと私の心に遺っている。

一九五〇年七月、康治さんはアメリカの軍用船でホワイト・ビーチから出発。オークランドのミルズ大学でのオリエンテーションを経て、ニューメキシコ大学に入学し、心理学を学んだ。二一歳だった。弟の平之さんも、「米留」試験に合格し、翌年一九五一年に、ノースカロライナ州のウィルミントン大学に入学し、心理学を専攻した。二一歳だった。

「二個の手榴弾《しゆりゆうだん》を腰に下げて」大田昌秀さん（沖縄戦当時一九歳）

鉄血勤皇隊として戦場に送られた大田昌秀さんは、「法律もないままに戦場に送り込まれた」と語る。大田さんは久米島《くめじま》で生まれ、父は大田さんが一歳の時にブラジルに移民し、母に育てられた。そして、沖縄師範学校在学中に、鉄血勤皇隊として戦場に送り込まれた。

「兵隊はケガをしないように脚絆《きゃはん》というのがあるが、僕らにはそんなのはなく、半そで半ズボンで戦場に出たわけです。一丁の銃と一二〇発の銃弾、二個の手榴弾を腰に下げてね」

一つの手榴弾は敵に対して、もう一つは自決するために使用することが命じられたという。

なぜ沖縄戦で惨めな犠牲を強いられたのか。沖縄戦の解明、それが大田さんの生涯の問いだ。大田さんは沖縄県知事時代（一九九〇～一九九八年）に基地の代理署名拒否や少女暴行事件、米軍基地撤去に対して取り組んできた。そこには自身の沖縄戦の経験が大きい。

「沖縄の人は、本土の日本人やアメリカ人と同じ人間なのに人間扱いされていない。主権国家の国民としてみなされていない。絶えず他人の目的を達成させるポリティカル・ポーン、政治的な質草・手段にされている。こんなことは許されない。同じ人間だから」

大田さんは、軍国主義の行く末を戦場で目の当たりにした。「皇民化教育は、沖縄の人は日本人と同じように天皇の子だと言って、沖縄の言語を弾圧して撲滅運動を起こし、沖縄的なもの、習慣を廃止して日本風に変えろと、日本人になれと教える」と力強い声で批判した。国家のアイデンティティより、人間の権利が略奪されない「人間としてのアイデンティティ」を培うべきだという彼の言葉。それは、これからもずっと遺っていく。

一九五〇年、大田さんは「日留」、「米留」両方に合格していた。「日留」か「米留」か。尊敬する琉球大学の仲宗根政善《なかそねせいぜん》先生に相談したところ、日本の大学を出てからアメリカへ行くことを助言され、「日留」を選んだという。一九四九年、第一期の「契約琉球学生」として早稲田大学に留学した。

英語・英文学を専攻した理由は、戦時中のある出会いであったという。激戦地の摩文仁《まぶに》で一緒になった東京都出身の「白井兵長」がその人である。彼は東京文理科大学（現・筑波大学）出身で英語が堪能だったため、米軍が置き捨てた英文雑誌を拾って大田さんにその内容を教えてくれた。日本がポツダム宣言を受諾したことが書かれた英文記事を前に、大田さんは自分の無知さを思い知らされた。白井さんは、大田さんに生き延びることがあ

伝えた。

「この連中ら（米兵）を絶対、沖縄から追い出しましょう」

その出来事と少年たちの言葉は上原さんの心に刺さり、それ以来、通訳の仕事を続けていいのかと自問する日々が続いたという。

「アメリカの民主主義に対して疑問を抱くようになったんです。沖縄とアメリカの中に入って懸け橋になろうなんてあまりにも甘い考えでした。兵隊のための通訳なんてアメリカの側に立たないと成り立たないんです。沖縄の側に立つと通用しないんです」

通訳は二度としないと心に決めた。葛藤を抱きながらも、「米留」の夢は捨てなかった。「アメリカの良心を見たいという思いがあった」からだという。

一九五五年、琉球大学を卒業し、同年七月からニュージャージー大学に留学した。二四歳だった。

「僕のあだ名は幽霊だった」與座豊治《よざとよじ》さん（沖縄戦当時一一歳）

一九五九年にルイジアナ州立大学に四年間留学をした與座豊治さん（一九三四年生まれ）

は、台中で生まれ、終戦に伴い、両親と共に奈良県に引き揚げた。

母は七歳まで沖縄にいたが、祖父に連れられ、日本の植民地であった台湾に渡った。一方、父は沖縄で生まれ一歳の頃に台湾に渡った。二人は台湾で出会い結婚した。一度も沖縄に帰ったことはなかったという。「台湾から引き揚げ後は、奈良に一年ほどいました。私が通う郡山《こおりやま》小学校には、朝鮮半島や台湾からの引揚者もいましたが、他のみんなは実家が農家ということもあり、毎日お腹が空《す》いて動けないのは私ぐらいでした。私たちは誰にも頼ることができませんでした。体育の時間、体を動かすことができない。空腹で力が出ないわけです。いつもゆらゆらとしていたので、僕のあだ名は幽霊でした」と静かに語った。

終戦時、台湾には沖縄出身者やその子孫が約三万人いたと言われている。與座さんの兄は、終戦の二か月前に台湾で徴兵されフィリピンで従軍したという。兄の軍役経験によって、與座さん家族は日本への引き揚げが優遇された。しかし、沖縄へ帰るのはまだ許されておらず、祖母の親戚を頼りに奈良に引き揚げることになったのだ。父は、遊郭近くの病院で事務の仕事をし、母は大阪の闇市で商売をした。與座さんは郡山小学校に六年生の時に通った。

「食べ物はなく、朝ご飯は重湯で米粒が一〇粒あるくらい。それだけでは足りないから昼の分も食べて学校に行く。でもお昼前にはお腹が空くんです。家に帰っても食べるものはないから、休み時間は、近鉄の電車を一人で見に行っていました。毎日お昼は電車を見ながら空腹をしのいでいたんです」

同級生は台湾には電車がなく物珍しく思って見に行っていると思っていたが、與座さんにとっては行き場がなかっただけだった。大阪の闇市で商売をしていた母は、朝一番の電車で大阪へ出発し、一日中働いた。闇商売だから警察に捕まり夜遅くに帰ってきたこともある。警察に連行された翌日から、母は妹を連れて行くようになった。幼い妹を連れて行けば警察の目を免れることができるからだ。

「音楽の時間、一人一人前に立たされ、ドレミファソラシドと歌わされたことがあったのですが、私はお腹が空いてどうも声が出ない。先生は私の穿《は》いているズボンを見て、君のズボンはどうしたと。見てみるとズボンは真っ黒。母は朝一番の電車で出かけるから洗濯なんてされていない」

與座さんはある日、闇商売で摘発されたお米が線路に落ちていたのを見つけた。子どもたちがさっと集まって、お米を拾っている。與座さんも一刻も早くお米を拾いたい。でも足が動かない。お腹が空きすぎて歩く力さえ出ず、遠目でその様子を見るしかなかったと語る。

家族にとって奈良の冬は厳しく、母はだんだんと痩せて凍え死にそうだった。そこで、沖縄に帰ることを決め、両親と妹、四名で沖縄に引き揚げた。一週間ほど中城村《なかぐすくそん》にあった久場崎《くばさき》収容所で過ごし、その後は奈良から一緒に引き揚げてきた人を頼り、那覇へ移動した。沖縄では、アメリカ軍から支給された食糧で空腹をしのぐことができた。

「時々お米に石が入っていたりしたが、食べ物があるだけ良かった」

沖縄での生活も貧しかったが、皆貧しいから貧困ということで蔑視された経験はあまりなかったという。

しかし、與座さんにとって沖縄は「故郷」とは言いがたかった。台湾で生まれた與座さんは、沖縄の文化にほとんど接することなく過ごしてきた。沖縄に生まれ育っていなかったので、学校では馬鹿にされ、沖縄の言葉で豚という意味の「ゥワー」という発音ができないことをよくからかわれたという。

朝鮮戦争後、沖縄ではアメリカは「占領者」としての顔を見せていた。それでも米軍の配給で生き延びることができたことの影響力は與座さんにとって大きかった。與座さんは豊かな国のイメージとしてアメリカへ憧れを抱き続けた。

貧困による惨めな思いを誰にもしてほしくない。沖縄の基幹産業である糖業を学ぶために、糖業科があり、大学のキャンパス内に製糖工場もあるルイジアナ州立大学に入学した。二五歳だった。

「イメージや期待などない」尚弘子《しょうひろこ》さん（沖縄戦当時一三歳）

「米留」経験者の中に女性は少ない。全体の一〇％程度だ。

尚弘子さん（一九三二年生まれ）は、女性で初めての「米留」経験者だった。尚さんは大田県政時代に誕生した全国二人目の女性副知事としても知られている。

尚さんによると、小学四年生の頃には戦争の訓練中心の日々だったという。

一九四四年一〇月一〇日、アメリカ軍は南西諸島全域を爆撃し、那覇は軍事拠点だけでなく民間居住地域も攻撃を受け、市街地のほとんどが焼失し、約一五〇〇名もの死傷者が出た。その「一〇・一〇空襲」の時、尚さんは六年生だった。沖縄戦を逃れるため大分県に疎開し、農家の手伝いをしながら女学校に通った。沖縄に戻ったのは終戦後の配給生活からやっと立ち上がった時期だったという。「戦争が始まり、戦争が終わったら、焼け野原。卒業証書などない。基礎教育は受けていない。教育らしい教育は受けず、沖縄にも、自分自身にもカルチャーがない。女性ということもあり、文化的な基礎を習得しているわけではなかったんですね」と、戦後を語る。アメリカに対するイメージや期待を抱く基盤になるような教養はなかったという。

一九五〇年、琉球大学に入学した。英語学科に所属していたが、五二年に新設された家政学部の授業を多く受講した。「米留」を志したのは、アメリカに留学していた兄、名城《なしろ》嗣明《しめい》さん（一九五〇年留学）の影響も大きい。当時、ミシガン州立大学から琉球大学に派遣されたアメリカ人の教員による授業もあり、さらに留学の夢を抱くようになったという。

一九五二年に「米留」試験に合格した。しかし、尚さんの父は娘の留学には反対だった。沖縄ではアメリカ兵による事件事故が多かったからだ。アメリカ人とは結婚をしないと父と約束し、誓約書を書いたという。同年、米須さんや宮良さんと同じく、軍用船でホワイト・ビーチから出発した。尚さんは、ケンタッキー州のベレア大学に入学し、家政学を専攻した。二〇歳だった。

「地に足がつくとはどういうことか」平田正代《ひらたまさよ》さん（沖縄戦当時五歳）

「私たちの世代にとっては懐かしい場所」と、沖縄市のショッピングセンター「プラザハウス」を待ち合わせ場所に指定した平田正代さん（一九四〇年生まれ）。プラザハウスは一九五四年にオープンした、当初は軍関係者とその家族を営業対象にしていたアメリカ型ショッピングモールだ。

平田さんの父は一九〇一年に沖縄で生まれた。徴兵を逃れてアメリカへ移住し、ペルーやメキシコにも滞在した経験があった。メキシコでは日系新聞社に長期間勤めていた。母は台湾で育ち、教育を受けたという。父と母は東京で結婚し、平田さんが生まれた後に沖縄に帰郷した。「父には運転手がいて、家にはお手伝いさんがいて、その生活が当たり前だと感じていた」と幼少時代を語った。家庭で貧しさを感じたことはなかったという。

平田さんのアメリカとの最初の出会いは、占領軍の車に乗っているアメリカ人の姿だった。「鬼畜米英」と教えられていたその姿が「鬼」や怪物ではなく人間の姿をしていたことに驚き、また安心感を抱いたと回想した。

那覇で中学・高校時代を過ごした平田さんは、学生の頃は、崇元寺の琉米文化会館によく足を運び、クラシックの音楽を堪能し、アメリカ文化への憧れを抱いていったという。那覇高校を卒業した後、「日留」の自費留学生として早稲田大学の文学部に進学し、英文学を専攻した。

一九五八年から一九六二年の留学中、安保闘争をはじめとした学生運動が盛んだった。政治運動に参加すると「自費留学生」としての身分が取り消されるから参加するなと両親や琉球育英財団から注意されていた。しかし、平田さんは捕まっても黙秘するつもりで、デモに積極的に参加したという。自己を証明するものは一切持たなかった。「スカートの中のポケットに電車の帰りのチケットとハンカチだけ入れてね」と当時を懐かしむ。自らの身体《からだ》で権力に立ち向かったその経験こそ、平田さんにとって「人生の転機」だったという。

「初めて沖縄のことを考えたんです。今でも生き方の軸はそこにある気がします。自費留学した人は皆、裕福でした。自分は足が地面についていなかったのではないかと思います」

「日留」から戻った一九六三年、実用的な英語の習得を理由に米軍関係の仕事を探し、嘉《か》手《で》納《な》基地のＵＳＯ（ユナイテッド・サービス・オーガニゼーション）の仕事に就いた。ＵＳＯとは、沖縄に駐留する米軍兵やその家族の支援を目的に、沖縄文化や芸能に触れるイベントを提供する団体だった。その職場で、アメリカ人と接する経験は、自分の心を大きく揺さぶる「人生最大のカルチャーショック」であり、エリート意識を払拭することにつながったと平田さんは振り返る。

「アメリカ人にとって日本のどこの大学を出たかは関係ありませんでした。高卒の同僚も私も同じように扱われました。その頃、『日留』した者たちが沖縄を良くしていく責任があると考えていました。威張っているわけではなく、当たり前であるという気持ち。早稲田大学のピンを付けてエリート意識丸出しでした。ＵＳＯは私にとってはとても良い経験になりました」

「足が地面につくとはどのようなことだろうか」と自問する日々が続いたという。

地域に根差した仕事をしたいと考えるようになり、戦後の沖縄で重要視されていた福祉を学ぶ意義を見出して、留学を志したという。

「私も勉強は好きだったから、早稲田へも留学できました。自分の努力であったと信じていた。でも、はじめから高い台の上に乗っていたんですね。そのことに気づき、引け目を感じていました」

一九六五年、アメリカ陸軍機にて嘉手納基地飛行場から出発し、ニューヨーク州立大学に入学し、社会福祉を専攻した。二五歳だった。


「心まで占領されてしまったのだと感じた」比嘉美代子《ひがみよこ》さん（沖縄戦当時四歳）

比嘉美代子さん（一九四一年生まれ）は、兵庫県で生まれ、八歳の時に家族の郷里である沖縄島に渡った。「沖縄戦の経験はないが戦後の沖縄の苦しみは見ています。沖縄は非常に貧しかったです。着ている物も違うし、近所の人が家に来て物を勝手に持っていったりしていました」と沖縄に対する第一印象を語った。

比嘉さんは高校まで首里で過ごした。琉球大学の国文科に一度入学するものの半年で辞め、再受験をして英文科に入学。周りは皆、「米留」を志していたという。在学中は英語力をつけるため、那覇軍港で通訳のアルバイトをしていた。「トイレの水を流しなさい」を英訳するように言われ、苦戦したのを覚えている。

琉球大学に在学中は、学生のデモ・抗議運動の激しさが増していた。比嘉さんはデモに参加すると「米留」のためのパスポートが発給されないことを懸念していた。

「米留に行った人は二律背反的な感情を持っています。良心的な人であればあるほどです。沖縄が基地問題や土地闘争で揺れている時に、米留に行った人は、体を張って反対していないんです。デモに率先して参加しなかったのは、学生の身分では何も社会は変えられないという気持ちから。山の頂上まで登らなければ中途半端にしか物事が見えない。アメリカに行って職業に就いてから徹底的に抵抗したいという気持ちがありました。アメリカ人は好きだけど、アメリカという国は行く前から嫌い」

一方で、アメリカ文化に対する憧れは強かった。『風と共に去りぬ』や『武器よさらば』などさまざまなアメリカ映画を通してアメリカ文化に魅了されていった。男女のデートの際、男性が女性をエスコートしてドアを開ける場面には目を見張るものがあったという。

「レディーファーストの世界は私にとっては憧れのようなものでした。いつの間にか心まで占領されてしまったのだと感じました。沖縄に生きるということは知らず知らずに沖縄の人が下でアメリカの人が上と頭に植えつけられるんだと思いました。植民地の悲劇ですね。そういう風に洗脳されていってしまう感じでした」

「米留」に合格した時、家族は大喜びだった。しかし、すぐに比嘉さんは慢性腎臓炎を患ってしまう。健康状態を心配する家族から渡米は諦めるように言われたが、それでも行くと母に伝えた。母は「死んでもいいなら行きなさい」と言った。「どうせ死ぬなら広い世界を見てから」という気持ちで、比嘉さんは「米留」を手に入れる。

一九六七年、アメリカ陸軍機にて嘉手納基地飛行場から出発し、ノーザン・アイオワ大学に留学した。二六歳だった。

「米留組」がアメリカ留学への動機を語る時、自身の戦争や戦後の経験に基づいて説明する。その語りには、戦争によって多くの命が奪われた日本の軍国主義に対する嫌悪感が表現され、戦後沖縄がおかれた状況や自身の心境についても話が及ぶ。

「米留」は戦後、荒廃した沖縄を生きた若者の中で学問への渇望を生み出し、その渇望はまさに生きている実感、そして生きていくための希望を感じさせるものだった。


アメリカへの留学は、「米留組」にとって、高等教育を受けるための闘い、渡航制限が敷かれる中で移動性を獲得する闘い、戦後の貧しい生活の中で生きていくための闘い、ジェンダーの役割から自己を解放させる闘いでもあった。

「米留組」それぞれの個人的な経験に光を当て、戦後の沖縄の社会的状況を踏まえることで、「米留組」と呼ばれた人々のアメリカ留学の動機には、必ずしも冷戦イデオロギーが反映されているわけではないことが分かる。そこには、アメリカ統治との関わりの中で生まれる葛藤や妥協といった交渉を経ながら、戦後の沖縄において「米留組」が自分の人生を切り拓く目的のために「米留」への道を歩んだことを垣間見ることができる。

第三章　沖縄の留学生が見たアメリカ

ルームメイトと一緒に（1951年）
（写真提供：比嘉幹郎さん）

戦争の傷跡が大きく残る沖縄の島々から、アメリカへと渡った沖縄の留学生。彼ら・彼女らは、アメリカをどう見たのだろうか。

アメリカの広大さと気候の違い、また戦争で荒廃した沖縄との経済的格差。沖縄の留学生に衝撃を与えたのはそれだけではなかった。異なる文化的背景を持つさまざまな人々との出会いは、留学前に抱いていたアメリカへの認識を大きく変えるものとなった。

「米留組」が渡米したのは一九五〇年から一九七〇年代前半。公民権運動やベトナム戦争があった時代だ。時代が作り出す社会や人々との接触によって、沖縄の留学生はアメリカ社会や人々への認識を深めていった。さらに、日本人留学生や外国人留学生との出会いは、沖縄の学生に「自分は何者か」という問いを投じさせ、自己のアイデンティティを揺るがした。

「米留組」のライフストーリーからは、言語や慣習の違い、偏見など、さまざまな困難や葛藤を経験しながら、自己の内面についての認識を深めていった留学生の姿が見えてくる。

それは、アメリカの占領政策によってつくられた政治的構造下で、「移動」する単なる客体としてではなく、主体的行為者としての留学生像を示すものである。

アメリカに向かう軍用船の中

一九五〇年代における沖縄の留学生の渡米手段は、アメリカ陸軍の軍用船だった。軍用船で太平洋を横断し、サンフランシスコの港に着くまで約一五日間。船内での経験は、留学生にとって特に印象深いものとなった。

船室は、エンジンやスクリューの音が鳴り響き、狭く暑苦しい場所だった。二段式ベッドは、座ると上の段が肩につくほどの窮屈さだった。部屋によっては三段式ベッドもあった。寝棚の壁には、円形のガラス窓があり、窓外に見えるのは深くて暗い海の中。食事は狭いスペースでの立食で、棚の上から食器が滑り落ちないように手で押さえつけながら食べた。

だが、戦後の貧しい生活を経験していた留学生にとって、船内での三度の食事は忘れがたかった。ボリュームのある食事を一日三度食べたことは、船酔いの苦しさの記憶より勝るものがあった。

船内には映画館やプールがあり、また日曜日には礼拝もあった。甲板では球技を楽しむことができた。船には故郷に向かう多くのアメリカ兵が乗っており、一緒にチェスをして過ごす者もいた。

一方で、沖縄からの留学生も、アメリカ兵と同じように船内の規律を守るよう強いられた。掃除やキッチンの当番が割り当てられ、将校の厳しいチェックが入った。まさに、軍隊生活のような日々だった。

特に朝鮮戦争中に海路で渡米した者にとっては、毎日のように火災訓練が行われていたため、気が休まらなかった。耳の奥から聞こえてくるような非常ベルの音が鳴り響くやいなや、階下の船室から甲板に上がらなければならなかった。

一九六〇年に渡米した赤嶺健治《あかみねけんじ》さんは、この船旅を「不愉快」だったと表現している。女性五名は特別待遇でキャビンクラスの船室をあてがわれたが、二三名の男性は、船底の狭い一角で一般兵と同じく、二段式ベッドで寝なければならなかったのだ。赤嶺さんを不愉快にさせたのはそれだけではない。早朝から寝棚周辺や娯楽室の掃除をさせられ、それを将校が検査をし、掃除が行き届いていなかったらやり直さなければならなかった。赤嶺さんは「このような屈辱感を与える待遇はアメリカにとってマイナスではないか」という内容の抗議文を担当の大佐に送った。戦争経験を背に留学を志し、アメリカに渡る船で軍隊生活のような日々を強いられることは「屈辱」だったのだ。

赤嶺さんの手紙の影響があったかどうかは定かではないが、沖縄の留学生の渡米手段は、一九六一年から空路に変わった。

アメリカへの到着

長旅を終え、サンフランシスコに到着した沖縄の留学生を迎えたのは、ゴールデンゲート・ブリッジ（金門橋）だった。

朝靄《あさもや》の中に浮かび上がるゴールデンゲート・ブリッジ。

甲板に出てきたアメリカ兵たちが、帽子を空高く投げ、一斉に"Golden Gate!"と叫んだ。沖縄からの留学生もつられて喜びを表した。故国に戻った喜びに溢れるアメリカ兵。未知の世界に対する興奮と念願のアメリカ到着を喜ぶ留学生。狭い船内での長旅の疲れもあったのだろう。ゴールデンゲート・ブリッジを見た時の喜びは忘れがたいものだった。

沖縄からの留学生は、オークランドにあるミルズ大学で約一か月半のオリエンテーションへの参加が義務付けられていた。港からオークランドのミルズ大学まで、バスで移動した。赤、青、黄といった色とりどりの花や屋根。バスの中から見た景色は、「まるでおとぎ話のような」（一九五〇年留学）サンフランシスコの街並みだった。窓外の高い高層ビルを見上げ、「アキサミヨー、アキサミヨー」（「驚いた」、「あらまあ」の意）と沖縄の言葉で驚嘆する留学生。「終戦直後の沖縄での貧しさが吹き飛んでしまいそうな感動」（一九五二年留学）、「魂を大きく揺さぶられたような大いなる感動があった」（一九五五年留学）。

アメリカへの到着。留学生は感動と希望に溢れていた。

船路で渡米した者のみならず、一九六〇年代に空路で渡米した者も、同じだった。アメリカの地へ踏み出した最初の一歩は、「米留組」のそれぞれの記憶に今も残っている。

一九七〇年に渡米した前原龍二《まえはらりゅうじ》さんは、米軍の嘉手納飛行場から出発した。飛行機から降り、地上の草を踏みしめて、アメリカ留学生活の最初の一歩が始まった。両足を地面にしっかりと置いたその瞬間、前原さんの脳裏にあったのは、人類初の月面着陸を果たしたアームストロングの言葉だった。

「一人の人間にとっては小さな一歩だが、人類にとっては大きな飛躍」

沖縄戦を生き延び、アメリカ留学へ出発するまでに、「米留組」にはそれぞれの人生があった。踏み出したその一歩は、おのおのの人生において大きな節目であり、忘れがたいものだった。

ミルズ大学でのオリエンテーション

ミルズ大学は、名門女子大として知られていた。緑の木々が生い茂り、自然に囲まれた美しい大学だった。到着後のオリエンテーションは、沖縄の学生だけを対象に、陸軍省と国際教育研究所、さらにミルズ大学の関係者によって、現地の学生がいない夏季休暇中に行われた。

その様子は、第一章で述べた『明日を導く人々』という民政府の広報映画に描かれている。アメリカ民政府作成のその映画では、沖縄の留学生とアメリカ人学生や教員との友情、そして民主主義を学ぶ沖縄の留学生の姿が強調された。

オリエンテーションの初日、米留制度の目的が主催者側から留学生に伝えられた。一九六三年に配布された冊子には、ワシントン陸軍省公務課のマックケープ陸軍大佐から「琉球人留学生」へ、次のようなメッセージが述べられている。

「琉球人がこの国を訪問すること、そして勉学することの主な目的は、米国の伝統、理想及び行政機関に熟知し、また我々の目標と政策に共鳴する今日と将来の指導者を育成するためです」(United States Department of the Army, *To Students from the Ryukyus*, 1963)

米留制度の目的は、米軍側の目標と政策に関して共鳴する指導者を育てることであると明確に伝えられたのだ。

同時に、オリエンテーションでの留学生の様子は、アメリカ民政府に報告された。例えば、一九五四年にミルズ大学関係者によって作成された報告書には、三一名の沖縄からの留学生を対象にしたオリエンテーションのプログラムに関して、以下の問題点が指摘されている。

「このグループには、劣等感と根強い自己防衛意識が人格的なものに散見されるが、それは孤立した出身地での経験からくるものであり、彼らは未《いま》だにそれに強く苛《さいな》まれている。

また、権力に対して特筆すべき程の従順さを持ち合わせている。それは、特にアメリカ軍の影響下のもと成人した琉球人学生に見受けられるが、占領そのものによるものではない。しかしながら、占領はパターナリスティック（父権的温情主義）な影響を持ち合わせており、それが少なからず無意識に植えつけられ、個人の人格形成に影響を与えている」(Review and Evaluation 1954 Session, 1954)

沖縄の学生とアメリカの学生との間には「心理的な距離」があるとし、沖縄の学生がアメリカ人に対する劣等感を持っており、その接し方が極端であると指摘したのだ。

オリエンテーションの実施に関わったミルズ大学の教員らは、アメリカ軍による統治の、沖縄の若者への影響を推測し、留学生らの劣等感を取り除き、自信を獲得する

ミルズ大学でのオリエンテーション（1962年）。人気のレクリエーションの一つである卓球について、学生指導教員が沖縄の留学生に説明している様子。左二人目から、譜久山朝夫、伊礼武宏、富山勝。（写真所蔵：沖縄県公文書館）

ことが重要であると考えていた。問題の解決策として、大学の教授が沖縄とアメリカの学生を一緒に自宅に招待し、アメリカ人と友好な関係が築けるように促すべきであると提案された。さらに、沖縄の学生はキャンパス内で過ごすことが多いため、同世代のアメリカ人のジュニアカウンセラーを雇い、沖縄とアメリカの学生の溝を埋めることも提案されていた。

これらの史料からは、沖縄の留学生に対するオリエンテーションが徹底されていたことが分かる。「良きアメリカ市民」としての振る舞いができる留学生の存在は、アメリカ市民の沖縄統治に対する理解を得ることにもつながるからだ。

アメリカ研究者のナオコ・シブサワは、戦後のアメリカにおいて、敵国であった日本と同盟国としての新たな関係を築くためには、戦時中の日本に対するネガティブなイメージを取り除く必要があったことを論じた。日本（人）のイメージを女性化し幼児化することで、アメリカの指導と支援を必要とする従順な日本人像を構築し、世界秩序のリーダーとしてのアメリカの自画像を再形成したのである。

E・W・サイードは著書『オリエンタリズム』において、西洋が東洋を「他者」として二項対立の中で想像することで西洋の優越的な自己を確認し、東洋の植民地化を正当化してきたと論じた。

そのようなオリエンタリズムの眼差しは、沖縄からの留学生にも向けられた。アメリカの庇護の下で育成される民主主義の推進を担う従順な留学生の姿によって、「元敵国人」のイメージを和らげるだけではなく、「占領者」としてのアメリカ人、そして「被占領者」としての沖縄人といったイメージを払拭し、冷戦期のアメリカの立ち位置を確証したのだ。

一方で、このオリエンテーションは、沖縄からの留学生にどのような影響を与えたのだろうか。「米留組」は、オリエンテーションでの経験をじつに楽しそうに語る。

ニューメキシコ大学に留学した新崎康善《あらさきこうぜん》さん（一九五〇年留学）は、ミルズ大学に到着した日、割り当てられた個室に入り、荷物を解《ほど》いている時に窓から見た景色が今でも忘れがたいという。新崎さんの部屋の窓からは、芝生の庭にはスプリンクラー、そしてその脇にお洒落《しゃれ》な時計台が見えた。

「朝夕時計のチャイムが鳴り、あたりのしじまの中を心よい音が広がっていった。天も地も、そしてすべての生あるものが、渾然《こんぜん》一体となって静かに息づいている風であった」（『エッセイズ　ゴールデンゲイト』一九八七）

新崎さんは、戦争で荒廃した郷里を想い、「平和とはこれだ」と感じたという。

オリエンテーションのプログラムは、平日朝九時から午後四時まで約一か月半行われた。英語だけでなく、アメリカの歴史や地理に関する授業、大学図書館を利用する重要性、論文の書き方などについて学ぶ授業があった。

水洗トイレの使い方、バスの乗り方、町での買い物の仕方など、アメリカの生活習慣に関する授業も行われた。

さらには、「アメリカン・ウェイ・オブ・ライフ」の一環として、テーブルマナーや恋愛交際のあり方についても教わった。「紳士としての振る舞い方についてもしっかりと教わった」と、前出の東江康治さん（一九五〇年留学）は言う。

宮良用英さん（一九五二年留学）は、アメリカのレディーファーストの文化には衝撃を受けたという。

「これはね、大変な文化だと思った。これが一つの風習であると、教えられるわけです。

歩道を歩く時、車が通る道側を男が歩いて、女を守るんだと。そんなの分からないわけですよ。車にはねられた場合は、男が犠牲になって女を助けるものだと、アメリカの友人らは言うんです」

先述の通り、留学出発前のオリエンテーションで、*Meet the USA* というテキストをもとに主に座学で学び渡米した留学生たち。ミルズ大学のオリエンテーションでは、教わった知識を実践に移し、さらにアメリカでの生活に適応することを期待された。

「米留組」のオリエンテーションでの経験は、「失敗談」もつきものだった。

初めて見た水洗トイレの、溜《た》まっている水で顔を洗ってしまったこと。チャイナタウンからの夜道、校内近くの道路脇で立ち小便をしているのを警備員に見られ大騒ぎになったこと。シャワーを浴びるのにカーテンをバスタブの内側に入れるものだと知らず、シャワーの水で部屋中を水浸しにしてしまったこと。サラダが出てきて、野菜を生で食べさせるなんてウサギと思われていないかと驚き、食べなかったこと。ピッチャーに入っている牛乳を飲みすぎてお腹を壊したこと。

新崎さんは、ある夕方、友人と時計店に行った時のことを次のように記憶している。時計店の入り口に近づくとガラスの扉が開いた。驚愕《きょうがく》していると、傍にいた友人の一人が「中の誰かがボタンを押したのだろう」と言う。

「いや、音がすると開くんだよ」と別の友人は言う。

忍び足でドアの前に立つと、スーッと扉が開く。新崎さんたちに、店主は誇らしげに、「光の作用で開閉するのだ」ということを教えた（『エッセイズ　ゴールデンゲイト』）。

沖縄からの留学生にとって、アメリカの生活は「桁外れの豊かさ」（一九六一年留学）であった。シャワー、水洗トイレ、飲料の自動販売機、電話やテレビ、二五セントを入れると自動で洗濯ができる電動洗濯機。留学生の多くにとって初めて見るものばかりだった。

アメリカで見た豊かな生活を語る時、「米留組」は当時の貧しい沖縄の生活との比較で語った。例えば、ジョージア・ティーチャーズ・カレッジに入学した比嘉正範《ひがまさのり》さん（一九五〇年留学）は次のように振り返った。

「大学の寮でも、学生はフルコースの食事を三食たらふく食べ、毎日自由に風呂に入り、冬は暖房のきいた部屋で本を読み、夜は真っ白いシーツにくるまって寝る生活をしていた。

——洪水ですか。

「これだけ読んでやろうとかではなく。もう強制的に上からどんどんおっかぶせていく。それをなんとかかんとか、こうあがいているうちに力がつくんだと僕は思っているんです」

——どのようにモチベーションを保ったのでしょうか。

「沖縄の生活は貧しくて苦しい。それと比べれば、きついとは思わない。沖縄で生活しているとしたらもっと苦しんだ時代だった」

米須さんは学部留学を終え、一九五五年に沖縄に戻った。大学院へ進学するためにアメリカに残りたいという強い思いがあり、帰郷する際の気持ちを次のように表現した。

「私もだいぶ溶け込んでしまっていましたね。それで悩んだ時もあります。自分がアメリカ人でないということにね。彼らと全く同じではないんだという、それでちょっと悩んだこともあります」

――具体的にどういった場面でしょうか。

「ふと思い出すことがあるんです。自分はこの人たちとは別なんだということをね。寂しい思いがありました」

――それほど溶け込んでいたということでしょうか。

「溶け込んでいましたね。喧嘩《けんか》もしたしね。アメリカ批判をしたら、それはお前の言う通りだよ、と向こうも答えてきたりして、だから違和感みたいなものはなかったですよ」

――そうですか。

「それで、いよいよ帰ることになったら無性に寂しくてね。本当に毎日が寂しい。もうここからいなくなるんだと。戻ってまた大学院に行けるかどうかということだけでもう頭がいっぱいでした。だから帰る時には嬉しくない。アメリカの大学卒業証書を手にして、優秀卒業生にも選ばれて、そういうものをもらって本当なら胸張って帰ってくるところだけど、そうじゃなくて」

――寂しい気持ちだったのですね。

「もう本当に寂しくて、寂しくて、将来のことを考えたら本当に何というか、悲しいという風に言った方がいいぐらいの気持ちでした」

——アメリカに残りたいという気持ちがあったのでしょうか。

「帰化したいとは思ったことはないです。最高位での学位を取りたいという風に思っていました。それが叶《かな》わないことが非常に残念で、悲しくて寂しくてということですね」

沖縄に帰郷した米須さんは、琉球大学に学長秘書として就職し、後に琉球大学で「英会話」の授業を担当した。大学院進学のためになんとか再渡米することだけを考えた三年間だった。一九五八年、私費での留学を決め、再度渡米の機会を得た。ミシガン州立大学で大学院の修士課程と博士課程でも学び、一九六三年までの間、合計五年間アメリカに滞在した。

米須さんは、アイルランドの詩人イェーツを研究した。イェーツ研究のため、アイルランドについて勉強を始めると、沖縄と似た文化的プロセスを体験していたことに驚き、イェーツとアイルランドに親しみが湧いたという。

博士課程の難関である総合試験とは、専門的な知識を問うものだが、米須さんの場合は、英米文学関連で六科目、試験期間は二週間にも及んだ。その時の苦しみを次のように話した。

「大変でした。だからその二週間でね、僕はベルトの穴が三つぐらい減ったんですから。鏡を見るのが怖いくらいでしたね」

こうしてアメリカで英米文学の学位を取得し、沖縄や日本において英文学のフロンティアを開拓していった。

先入観からの解放

沖縄からの留学生は、アメリカでの生活を通して、アメリカ社会の現実や、人々の実際の考えについての理解を深めていった。

ニューメキシコ大学に入学した比嘉幹郎《ひがみきお》さん（一九五〇年留学）は、一年間の留学を終えた後、帰郷せず勉学を続けたいと民政府に申し出た。ロサンゼルス在住の同郷の人に保証人になってもらい、アメリカに滞在することができた。比嘉さんはカリフォルニア大学ロサンゼルス校に編入し、最終的にはバークレー校から学位を取得した。奨学金が支給されたのは最初の一年目と最後の一年だけで、残りは自分で学費や生活費を稼いだ。ガーデナー（庭師）や苺摘《いちごつ》みのアルバイトで学費を稼ぎながら勉学を続けた。その苦しい肉体労働の経験を通して、アメリカにおける農家の生活を垣間見た。

比嘉さんは沖縄系移民が経営する苺畑の手伝いをした経験を次のように回想している。

「苺摘みは、朝6時から夕方6時まで、およそ12時間も苺畑の畝《うね》と畝の間をしゃがみ、小さな輪のついた板車に乗せた箱にへたや茎をつけたまま苺を摘んで入れる作業だ。早朝は深い霧や靄《もや》がかかり、苺の葉は氷のように冷たく、服もびっしょりぬれるが、昼過ぎには43℃位の暑さになるので、ぬれた服も完全に乾いた。この仕事は身体を酷使するので、1週間目には膝頭や腰や腿《もも》が痛く、靴擦れで歩行も困難になった。手袋も使ってはいけないので、苺の酸で指先が割れ、そこから埃が入り黒く汚くなる。この調子だとさつま芋だけ食っても沖縄がよかったのではと本気で思ったこともあるほどだ」（『ガリオア留学生の足跡』二〇〇八）

豊かな米国にあって、「まるで終戦直後の沖縄のよう」と感じとり、アメリカの移民農業労働者の過酷な生活への認識を深めていった。

また、ペンシルベニア大学に留学した比屋根照夫《ひやねてるお》さん（一九六一年留学）は、アメリカに到着した時の第一印象を「桁外れの豊かさだった」と表現する。しかし、ホストファミリーと過ごす日々の中で、アメリカ人に対する認識を改めていった。

ホームステイした比屋根さんは、ホストマザーが食料品を買いに行った時に、安いものを選んで買っていることに気づく。金を使い放題ではない。アメリカ人にも節約という考えがあることを知る。

「肉も小さく切って冷蔵庫に入れるんです。これは今日の分、これは次の分といったように」

留学前は経済大国としてのアメリカを思い描いていたが、実際アメリカに来ると、質素な生活をするアメリカ人もいること、また貧困地域や貧富の差があることを比屋根さんは見知った。

留学生は、アメリカにおける人種差別の問題にも直面した。

台湾から引き揚げ、糖業を学ぶために渡米した與座豊治さん（一九五九年留学）は、ルイジアナ州立大学で学んだ。ルイジアナ州には、奴隷制度の中心として栄えた歴史があり、そのため現在に至っても人種差別が色濃く残っている。

與座さんは、沖縄に駐在するアメリカ兵の中に人種間の対立があることは知っていたが、実際に自分がアメリカで経験したことのショックは大きかった。アフリカ系アメリカ人の友人と本屋にいる時に、「有色人種は出て行け」と言われたこともある。本屋の店主は、與座さんに対して「周囲の人が嫌がるから連れてくるな」と言い放った。

それは、「留学生」という自己の位置が「人種」によって他者に認識された経験だった。沖縄の留学生らは、アメリカ社会における黒人に対する人種差別を目の当たりにしただけでなく、「白人」と「黒人」という人種分類の中で、白人でもなく黒人でもない自らの人種集団としての位置づけを体験したのだ。

沖縄からの留学生の中には、沖縄とは異なる人種間のダイナミクス（力関係）に身を置くことで、被支配者としての社会的地位から解放されたような気持ちになった者もいた。

例えば、ニューヨーク大学に留学した伊志嶺恵徹《いしみねけいてつ》さん（一九六一年留学）は、「寮で掃除をしている白人を見て、急に偉くなったように感じた」と語った。初めて白人男性に理髪店で髪を切ってもらった経験も忘れがたかったという。

沖縄では、沖縄住民がアメリカ人の下で働いているという構図があった。アメリカ統治下の沖縄において、沖縄の住民がやっていた職業を、アメリカでは白人がやっていることに驚いたのだ。それは、占領下において形成されたヒエラルキーが無意識に自己に内在化されていたことへの気づきでもあった。

ノーザン・アイオワ大学に留学した比嘉美代子さん（一九六七年留学）も同じような経験をした。先述の通り、腎臓の病気を患い母の反対を押しきってアメリカに飛び立った彼女は、軍用機でサンフランシスコに着いた日のことを次のように語る。

「トラヴィス・エアポートに着いたのは朝だったと思うのですが、白人の男性がエアポートのフロアーを掃いていたんです。その時ですね、私は白人の男性でも掃除するんだと思いました。沖縄にいたら、白人の男性が掃除しているなんて見たことがない。沖縄に住んでいると沖縄の人が下だということを無意識に考えていたんだと思いました。それが最初のショックでした」

自己の内面にある無意識の人種とジェンダーのヒエラルキーに気づき愕然としたという。

「これなんです、植民地下に生きる人々の悲劇というのは。沖縄の基地では、自分の家に沖縄の女性をメイドとして雇い、ミシンを踏ませて洋服を作らせる。また沖縄の男性を庭師として雇う。彼ら（アメリカ人）はのほほんと生活しているんですね。それを沖縄で見ていますから、アメリカに着いて、白人の男性が掃除をしているのは衝撃でした。沖縄では見たことはなく、これにも、目を見張りました。洗脳されていたんです」

比嘉さんは、アメリカの女性に対しても、沖縄の女性より偉いという印象があったという。沖縄で大きなジープを一人で運転しているアメリカの女性を見て、「アメリカの男性も女性も上に見える時代でした。いつの間にか心まで占領されてしまった」と語る。

比嘉さんにとって、アメリカの女性についての認識が変化したのは、留学中のある女性との出会いがきっかけであった。

留学中に受講したある授業だった。教授による早口の講義についていけなかった比嘉さん。何も理解できないし、ノートもとれず、ディベートにも参加できないといった日々が続いた。誰か助けてくれるクラスメートはいないか探したがどうしても声がかけられなかった。比嘉さんの様子を見て声をかけてくれたのがその女性だった。

彼女の名前はウエイド・テーラー。バーモント州の出身で当時四五歳だった。夫は弁護士で経済的に不自由もなく、円満な結婚生活を送っていたが、夫の下を離れ大学に戻り学んでいたのだ。彼女は比嘉さんにノートを貸してくれただけでなく、授業で分からないところも教えてくれたという。

当時、日本では「生涯教育」という言葉がなかった時代だ。結婚をした女性が家庭を離れて大学で学ぶ姿は、一人の人間としての人生の歩み方だけでなく、女性としてどう生きたいかを比嘉さんに考えさせる大事なきっかけになったと振り返った。年齢の差はあったが、同じ大学で共に学ぶ者として友情を築き、その関係は留学後も長らく続いた。「留学を通して個人的な交流をして、アメリカ人が我々とあまり変わらないんだということが分かった」という。

一方で、アメリカへの留学は自己の束縛からの解放だったとして、伊波美智子《いはみちこ》さん（一九六八年留学）は「貧しくて臆病だった私がアメリカで過ごした二年間は、心身ともに奴隷が鎖から解き放たれたような自由と解放、そして希望に溢れるもの」だったと話した。伊波さんは、何に縛られていたのだろうか。

伊波さんは、母子家庭であったため、周囲からできるだけ早く仕事をして母を扶養することを期待されていた。しかし高校卒の女性では良い給料はもらえない時代だった。沖縄で大学を出たら月給六〇ドル。二年間アメリカ留学すると、一六〇ドルもらえた。「学問があると女性は不幸になるという意識があった時代」であったが、女性の教育に理解のあった祖父が、唯一、伊波さんの背中を押したという。

「当時、女性にとって家を飛び出す方法は結婚だけだった」

伊波さんは、留学という道に進んだことで、「母を扶養しないといけない」という自己の束縛から解放され、勉学に励むことができた。

アメリカからベトナム戦争を考える

沖縄はベトナム戦争の米軍出撃基地であった。沖縄の基地を拠点にアメリカはベトナムへの攻撃を行い、またベトナム戦のゲリラ戦訓練のために沖縄島北部の訓練場が使用されていたことから、沖縄もベトナム戦争の加害者側にいるという認識があり、沖縄では、基地の撤去を求める反戦・平和運動が激しく行われた。

嘉手納空港からノースウエスト機で出発した新城《しんじょう》岩夫《いわお》さん（一九六五年留学）は、機内で見たベトナム戦争帰りの兵士を「生死の境を彷徨《さまよ》った帰還兵」と表現した。サンフランシスコで見上げた高層ビルが、ベトナム戦争帰りのアメリカ兵士の暗く沈んだ表情と対照的だったとも回想した（『写真とエッセイ　米留五〇年』二〇〇〇）。

インディアナ大学に留学した松田節子《まつだせつこ》さん（一九七〇年留学）は、沖縄で反戦・平和運動が展開された時期に渡米した。松田さんは、沖縄でベトナム戦争の影を見ながら、沖縄と米軍との関係を通してアメリカを理解してきた。

一九七〇年一二月二〇日、コザ市（現・沖縄市）で沖縄住民が米軍関係車両を焼き払う事件が起きた。アメリカ軍関係者の車両に火をつけるという破壊行為は「暴動」ではなく、沖縄の人々の人権を踏みにじる構造的な差別に抗議した「蜂起」だった。そのニュースを松田さんは留学先で知った。

しかし、松田さんの留学先の大学のキャンパスでは、沖縄と比べるとベトナム戦争に対する反戦運動が激しいわけではなかった。沖縄の反戦・平和運動を見てきた松田さんは、「ベトナム戦争は一体どこの戦争か」という気持ちを抱いたという。

「アメリカの中のベトナム戦争はどれくらいの人たちの戦争なんだろうという気持ちにな

った。基地を抱える沖縄とかなり異なり、それは大きな戸惑いだった」

しかし、松田さんは、アメリカ人の友人との交流を通してベトナム戦争について理解していった。その友人の恋人が徴兵され、手紙から戦場の様子を知らされていた。メディアの報道とは異なる、戦場での悲痛な言葉が綴られていたという。「アメリカという国は自由な国とはいうが、自分の意思以外にも戦争に取られる。徴兵される」と感じた。また、クラスメートの中でも、ベトナム戦争についての意見は分かれていたことにも気づいた。「正義の戦争」か「侵略の戦争」か、クラスメートが熱く議論を交わす姿が印象的で、戦争中にそのような議論をできることが、沖縄とは違うと感じたという。

戦争の被害者・加害者として

沖縄からの留学生は、アメリカで「元敵国人」として見られることもあった。

オレゴン州立大学に留学した宮良用英さんは、「日本というより沖縄と言った方が知っている人が多かった」と話した。

「戦争で沖縄に行って帰ってきた人は、その当時の沖縄を知っている。戦争に負け、何もない沖縄を知っているけど、口には出さないで良くしてくれた」

しかし、アメリカ人の白人女性との交際を、戦争による反日感情やアジア系に対する差別的な認識から、女性側の家族に反対されたこともあった。

宮良さんの場合、アメリカ人の友人や教員との交流において問題はなく、沖縄からの留学生ということで、自宅に呼ばれて親切にされたこともあった。しかし、アメリカ人女性との付き合いに関しては簡単にはいかなかった。自由と平等を謳うアメリカにおいて、人種差別の根深さを体感したのだ。

先述の伊志嶺恵徹さん（一九六一年留学）も、同じように偏見と差別の感情を持たれた経験をした。大学のキャンパスにいたある中年男性は、伊志嶺さんをにらみつけ口もきかなかったという。また、町では、五歳くらいの男の子から、いきなり"Hey! Communist!"（おい、共産主義者）と叫ばれたことがあった。見た目が異なったことから敵、コミュニストに見えたのだろうと振り返った。

アメリカ外交史研究者の益田《ます》肇《だはじむ》は、著書『人びとのなかの冷戦世界』（二〇二一）の中で、「冷戦世界の核心とは、単なる東西陣営間の国際的対立というよりも、むしろそれぞれの社会のなかにおける闘い――いわば、普通の人びとの社会戦争だった」としている。戦後期の混乱状態において人々のさまざまな感情が衝突し融合する中で、その社会的・時代的必要性に適合したのが「冷戦」という世界だった。「非アメリカ的」とみなされた者に「共産主義者」とレッテルを貼ることで、「秩序と調和」を保とうとしたのだ。

また、沖縄の留学生は、アジア出身の留学生との接点から、戦争の加害者としての沖縄の立場を考えることもあった。

例えば、ある男性（一九六二年留学）は、郵便局で日本宛てに住所を書いている際、同じ大学の韓国からの女子留学生が近寄って来て、「日本人か」と尋ねられたという。彼女は、「日本人だったら文句がある」と言い放った。初対面の人にこのように言われ、彼は次のように話したという。

「文句があると言われる理由はないと思う。確かに、韓国と日本とは過去に暗い歴史があるということは認める。私は沖縄出身だけど、沖縄も本土から差別された歴史がある。しかし、私たちは留学でアメリカに来ているわけだからそういう感情を持ち続けることは良くない。せっかく留学してきたのだから、留学生との交流をお互いの理解を深める機会にすべきではないか」

この出来事は、沖縄からの留学生が「被害者」や「加害者」の枠を超えて相互理解を深める担い手として動いていたことを示すものでもある。

沖縄戦や朝鮮戦争に従軍したアメリカの退役軍人と、温かい交流を持った留学生もいた。ノーザン・イリノイ大学に留学した伊志嶺昭《あきら》さん（一九六六年留学）は、沖縄戦で戦った初老の男性との出会いを振り返った。伊志嶺さんが沖縄からの留学生であると伝えると、その男性は「あ、そうか、沖縄、懐かしいね。今、戦時中だったら、ここであんたを銃で撃ち殺すけどね」とジョークを飛ばしたという。

また、コロラド大学に留学した長田亮一《なが たりょういち》さん（一九五八年留学）は、朝鮮戦争に従軍した元アメリカ兵から連絡をもらったことがあった。電話帳に長田さんの出身地が記載されているのを見つけ、連絡を取ってきたのだ。家に食事に招待してくれたり、教会に誘ってくれたりしたこともあった。留学後も親交は続き、長年文通をしていたという。

ハワイ大学に留学した下地良夫さん（一九七〇年留学）は、現地のアメリカ人から、日本人学生を「書生」として雇いたいという連絡があり、住み込みをしながら半年を高級住宅で過ごした。日本人に対する心の咎《とが》めがあったのだろうか、原爆投下を理由に、日本人に対しては特別に良くしてくれた。

留学生は、アメリカにおいて、沖縄人としての戦争における加害者性と被害者性を同時に認識したのである。

自己のアイデンティティへの問い

沖縄人、琉球人、日本人。自己をどのように相手に伝えるか、留学生の中には、葛藤を感じる者もいた。

沖縄からの留学生は、書類の国籍の欄に、「日本人」ではなく、「琉球人」と書かなければならなかった。占領下の沖縄から飛び出し、被支配者というカテゴリーから脱出したような、ある種の解放感を抱いていても、留学先で「琉球人」と記入する場面に遭遇すると、現実に戻され、自己の帰属意識が揺らぐ思いを経験した者は少なくない。

例えば、先述の長田亮一さんの場合は、自己紹介する際は、沖縄から来たと伝えた。「日本とは言いづらかった。一度、ＪＡＰＡＮと言ったことがあるが、沖縄に駐在したことのある人から、いやOKINAWAはJAPANではないと言われてしまった。JAPANとは言いづらい。パスポートだってアメリカの弁務官に発行してもらったものだったから」

伊志嶺恵徹さんは、日系アメリカ人の講師が教えている英語の授業を受けたことが忘れられないと言う。初回の授業で、その教員は、「今年は日本からの留学生はいませんね」と皆の前で言った。南米出身のクラスメートが「伊志嶺さんがいるのではないか。彼は沖縄から来たよ」と言う。その時の居心地の悪さをよく覚えている。

また、ある男性（一九六二年留学）は、アメリカ人ジャーナリストにインタビューされ、出身地を聞かれた時の話をした。「日本出身」と伝えたが、「日本のどこか」と聞いてきた。「南の方」と返事をした。するとさらに「南のどこか」と聞いてきた。仕方なく「沖縄出身だ」と言うと、「沖縄は日本ではない」と言われた。「沖縄」から来たとすぐ言えなかったのは、沖縄人であることへの劣等感、特に占領下にあったことへの劣等感からきたものではないか、と当時の自己の心境を分析した。

コロラド大学に留学した照屋善彦《てるやよしひこ》さん（一九五五年留学）は、日本人留学生や日系アメリカ人と接する時に、彼らが抱く沖縄に対する偏見と無知に気づいたという。彼らからのショッキングな質問の例として、「あなた方沖縄人は日本人か」、「聞いても分からない沖縄方言は中国系の言語か」、「沖縄人は背が低く肌色も浅黒いから、東アジアの人種か」などがあった。これらの質問を前に照屋さんのアイデンティティは激しく揺さぶられた。

先述した松田節子さんも同じような経験をした。松田さんが留学したインディアナ大学には、音楽関係で留学する裕福な家庭の日本人留学生が多かった。「一〇〇万ぐらい持ってきましたか」などと聞かれて驚いたという。同じ留学生であるにもかかわらず、あまりにも経済的な違いがあることに衝撃を受けた。

さらに日本人学生に「アイヌと同じ人種でしょうか」と聞かれることもあり、「アメリカ人から無知の質問をされたとしても気にならない、ただ、日本人からされるのは違うと感じた」という。日本人との付き合いの中で、沖縄とは日本人にとってそれだけの認識しかないのかと思い、同時に「日本人」としての自己認識を拒絶されたように感じたのだ。

また、松田さんは、他国からの留学生らが自国の文化に誇りを持っている様子を見て、自分は何人かと問うこともあった。

「復帰運動の中で、沖縄では沖縄人は日本人であると言われていた。沖縄から外に出たら、日本人ではないと言われ、他の日本人留学生からは蔑視された。私の場合は、うちなーぐち（沖縄の言葉）が話せない。子どもの頃から標準語で話していて、方言は卑しいものであるという通念があった。学校では日本人になるための教育だった。沖縄の歴史は勉強しない。アメリカで私は沖縄人である、琉球人であると言っても、それを説明するものがない。自分のバックボーン、つまり言語文化がない。自分の足元がしっかりしていないことに気づきました」

一八七九年の日本による琉球併合によって、強制的に日本文化への同化を余儀なくされた沖縄。学校では「方言札」（沖縄の言葉を話した者に罰として首から下げさせる木札）が用いられた。標準語を普及する動きは、戦後も続いた。

戦前、沖縄の言葉を話すことが罰せられ標準語を話すことを強いられたこともあり、米留経験者の中には、松田さんのように沖縄の言葉を話すことができない者もいる。そのため、留学先で沖縄人であることを証明する「根っこ」がないように感じたのだ。

アメリカにおける沖縄系移民との出会いも、沖縄の留学生の自己認識に影響を与えた。

人」でも「日本人」でもない帰属意識を感じさせたのだ。

アメリカで沖縄を伝える

留学前に基地で通訳の仕事をしていた上原源栄さんは、ニュージャージー大学に留学した。基地での経験からアメリカの民主主義については懐疑的であったが、果たしてアメリカではどのような経験をしたのか。

上原さんは、沖縄の友人から新聞を送ってもらい、それをクラスメートに見せたりして積極的にアメリカ統治下の沖縄の現状を伝えた。

「幼い女の子がアメリカ兵にレイプされ殺されたことも伝えた。クラスメートの反応は、そんなのニューヨークでもたくさんあると。あのようなアメリカ人に物を言うのは意味がないと思った。沖縄の人でどうにかしないといけないと思った。沖縄の人間が強くならないといけない。沖縄に戻って運動がしたいと強く感じた」

上原さんは、米兵による暴行事件があっても加害者が無罪になったりする現状や、基地があるゆえに生じる事故や事件についても、アメリカ人のクラスメートに伝える機会を得た。

「反応は良くなかった。授業後、外に出ていったら、追いかけてきて、そういうことを言うなよと文句を言ってきた。また沖縄を馬鹿にするアメリカ人もいた。道でおしっこをするよねと言われた。僕の言ったことは全く受け入れられなかったと思った」

一方で、上原さんに理解があったアメリカ人の教員もいたこと、その教員がクラスで発表する機会を与えてくれたことを話した。

一九五六年一二月、『ニューヨークタイムズ』に、「〝赤い市長〟が誕生」との記事を見つけた。アメリカの沖縄統治に抵抗する瀬長亀次郎《せながかめじろう》・那覇市長の誕生だった。

「まさに、沖縄の空を覆っていた黒い雲の中から一筋の光が差し込んだようでした。その新聞を読んだ先生が〝You are happy, today!〟と私に言うものだから、〝Yes, I am!〟と答えた」

上原さんは帰郷後、教師の道に進んだ。

「母子家庭に育ち貧しい生活の中、教師の私に対する態度がとても好きだった。米軍関係の仕事と比べると給料は低い。それでも良かった」

アメリカ統治下の沖縄の状況について積極的に伝えた上原さんだが、その声はアメリカの人々に届くことはなかったのだろうか。

故郷の状況について、アメリカ人の教員やクラスメート、またホストファミリーに伝えた者は、上原さんだけではない。また、沖縄の留学生と交流したアメリカの人々が、沖縄の状況について留学生から学び、アメリカ統治のあり方について考えることにつながることもあった。

沖縄からの留学生のホストファミリーとなったあるアメリカ人が民政府に宛てた手紙（一九六四年八月二二日付）がある。差出人は、ラルフ・ピンカスさん。当時、テキサス州在住の女性だ。彼女は、沖縄出身の留学生二名を家に歓迎した際、彼らから聞いたアメリカ統治下の沖縄の状況に驚き、事実であれば問題ではないかと問い合わせたのである。

まず、「沖縄の基地はフェンスで囲まれていてアメリカ人はその中に住み、アメリカ人以外で基地に入れるのは従業員のみである」こと、また「沖縄の人の九〇％が心は日本人であると感じていて日本への復帰を望んでいる」というのは事実かと問うていた。

さらに、留学生の指摘通り、「アメリカ側を支持していない学生も留学生としてアメリカに派遣されるべきである」とピンカスさんは提案する。その理由として、そのような学生との対話が重要で、アメリカがどのような場所なのかを学んでもらうことができるからだと述べた（Pinks, *Letter to Howland*, 1964）。

公文書からは、「米留」制度を担当した民政府関係者間で、その返信の内容を慎重に検討した様子が読み取れる。ジャネット・フィンク民政府教育局長は、「沖縄についての歪《ゆが》んだイメージを植えつける言及」が留学生によってなされたことを重大に受け止め、情報を伝達したピンカスさんに感謝するとともに、指摘のあった箇所に対してすべて丁寧に回答するように指示を出した。残された公文書からは、返信に何度も修正を加えた過程も見て取れる。

特に、フェンスで隔てられていることについては、「夫が不在の際に、子どもたちと妻に対して安全性が求められるため」という記述を削除するよう指示があった。そのような記述はアメリカ人と沖縄住民との隔たりと強調させてしまうからである。また、留学生の選抜に対しては、「アメリカに敵対する者（enemies to the United States）に資金を提供することはアメリカにとって利益ではなく損をもたらす」という文言も削除された。

最終的に、民政府のジョン・フォード中佐は、留学生の選抜について次のように伝えた。

「アメリカの大学で学ぶためには、アメリカの社会的・政治的な環境に適応しなければならないため、反米的な学生が選抜されることは通常ありません。また、経験上、アメリカの政策に反対する人たちは、自分の政治的立場を強化するために、アメリカにおいて最悪な状況を探し求め、沖縄に戻れば、自分の目で見たと、堂々と反米的な発言をするからです」

これらの文書によって、「米留」制度の意義について、またアメリカ統治の現状について、民政府がどのように本国のアメリカ人に対して説明したのかが分かり、興味深い。ピンカスさんと民政府のやり取りは、アメリカ統治下の沖縄の不条理をアメリカ市民に伝えた留学生がいたことを証明するものである。つまり、沖縄の留学生が必ずしも民政府の思惑通りに動いていなかったこと、そして、留学生の受け入れを通して、沖縄の統治についてアメリカ市民の理解を得るといった政府の思惑とは違う形で、統治下の現状を伝える沖縄の声がアメリカに届いたことを示している。

アメリカ人とは何か、人間性とは何か

出発の当日まで留学できるか知らされていなかった大田昌秀さん（一九五四年留学）。先述の通り、船内で留学先がシラキュース大学だと知らされた。

シラキュース大学ではジャーナリズムを専攻した。留学前はジャーナリズム専攻ではなかったため、徹夜が続く日々だった。

大田さんは、自身を沖縄出身だと紹介した。米軍基地があり、沖縄は米国の施政権下だと説明し、沖縄の現状にできるだけ理解を示してもらおうと思った。日本からということで、ジャップと言われることもあった。沖縄は戦場地だったこともあり、アメリカではよく知られていると感じたという。

大田さんは、留学時代に出会った人々が「その後の私の人生における最大の財産」と語った。

「アメリカに行ったことは非常に感謝しているし、アメリカで学んだのは、差別の問題。僕は、マーチン・ルーサー・キングを非常に尊敬していて、彼がちょうど大学院で博士号

を取って、バス・ボイコットを始めた時に僕はアメリカにいたわけね。彼の言動を絶えず、注目していて、非常に尊敬して、彼が殺されたメンフィスのアパートを訪ねたこともあった。そこで彼が最後に演説したテープを買ってきたことがある。そうしたら彼がインドのガンジーを非常に尊敬しているということが分かったわけね。僕はアメリカから帰ってきて、インドに行ってガンジーの後を辿って歩いたわけ。そういうことをしないと、おそらく僕はアメリカかぶれになって、変な人になっていたと思うよ。

東南アジアを五回くらい周ったことがある。自分一人で。アジアとは何か、アメリカとは何か、日本とは何かということが分かってきて。韓国やイギリスに呼ばれていって、国境を越えてつながっていく。このあいだは、ロシアのモスクワの学生が訪ねてきた。また中国の北京や中東からも訪ねてくる。こちらが働きかけないでも向こうから来るようになった。(中略)アメリカに行って、民主主義とは何か、人間とは何か、そういうものを徹底的に学ばされたということが非常にプラスになった。その点で、アメリカ留学したということはとても良かったと思っている」

大田さんが差別問題に関心を抱くようになったのは米留中の経験が大きい。前述の與座さんと同じ経験をしたのだ。

「トイレに行くと、ホワイトとカラードと書いてあるわけ、ブラックではない。僕らはカラードだなと思って、そこへ行ったら、黒人が『お前はあっちだ、白人のところへ行け』と。否応《いやおう》なしに差別の問題について関心を持たされました。沖縄の問題も差別の問題だという認識があったからね」

ある日、『デイリーオレンジ』という大学が発行する新聞の記事で、ある犯罪事件の加害者が黒人であったことが強調して書かれていた。白人の時は白人と書かない。メキシコ人の友人と一緒に抗議しようという話になった。クラスでもそのことについて議論し理解を得た。授業後、新聞部に足を運び抗議すると、編集スタッフは彼らの意見に理解を示した。「黒人」という表現を消すことができたのだ。「そういうことができるのがアメリカの良いところ」だと気づいた。その経験は、大田さんにとって、アメリカ社会における人権をめぐる抗議の申し立てとその成功体験であったのだ。

大田さんがアメリカに留学していた一九五〇年代の沖縄では、「島ぐるみ闘争」など大きな大衆運動が起きていた。そんな中、大田さんは留学先の大学で、ある論文に出会った。

それは「沖縄人を対等（公平）に処遇せよ」という論文で、オーティス・ベル牧師が雑誌に投稿したものであった。この論文が後に国際人権連盟の議長を動かし、アメリカ統治下の沖縄の実情調査を日本自由人権協会に依頼するという行動に導いたという。沖縄の統治について理解のあるアメリカ人との出会いは大きかった。

「戦争が人間を人間でなくさせる。だから、基地は絶対認めるべきではない。沖縄を二度と戦場にしてはいけないということです」

戦争が人間性を奪うことを戦場で痛感した大田さん。アメリカ留学経験を通して、人間性とは何かを問い、留学後もアメリカ人との交流を深めていった。

戦争で荒廃した沖縄からのアメリカ留学は、何よりもまず経済的格差を体感させるものであり、留学生が経済大国として、また先端技術国としてのアメリカに魅了されたことは否めない。

一方で、「米留組」へのインタビューでは、アメリカにおける人々との出会いを通したダイナミックな異文化交流の経験が生き生きと語られた。その経験は、アメリカを生きる人々に対する一元的な理解ではなく、人種、ジェンダー、階級、またそれらが複合的に絡み合う中で、アメリカ人の中にも相違があることを留学生に認識させた。

さらに、アメリカ社会における人々との出会いは、留学生の自己への認識にも影響を与えた。当時、沖縄がアメリカの占領下であったという状況で渡米した留学生は、アメリカでさまざまな人々と触れ合うことで、「被支配者としての琉球人」、「マイノリティの沖縄人」、また「元敵国人としての日本人」としてのアイデンティティを留学先で感じた。アメリカ社会の人種、民族、ジェンダー、階級の多様性が、沖縄の歴史や自己の戦争・戦後の経験と重なり合い、被害者性と加害者性の両方を有する沖縄人としての自意識を浮上させたのであった。

第四章　沖縄への帰郷——「米留組」の葛藤と使命感

ガリオア留学生が米海軍所属の軍用船
ジェネラル・ミッチェル号で沖縄に帰還（1958年）
（写真所蔵：沖縄県公文書館）

沖縄からの留学生は、初めての渡米から短くて一年、長くて四年のアメリカ留学を終え、沖縄へ帰郷した。

久しぶりに帰郷した沖縄。アメリカとの経済的な格差を再び感じた、故郷の島に戻るのになぜ米軍基地経由で入国手続きをするのかと違和感を抱いた、また、自然豊かなアメリカに比べ、島には緑がないと改めて気づいた。留学生たちは、帰郷後の第一印象をそのように述べた。

アメリカ統治下の沖縄は、米留経験者の目に、どのように映ったのだろうか。米留経験者は、アメリカ軍政府によってもたらされた数々の抑圧的な政策を振り返った。帰郷後のアメリカ統治下の沖縄の社会情勢について、「軍布令が最優先された時代」、「アメリカ軍政府の圧政を否定できない状況」と表現した。

一九五二年、サンフランシスコ平和条約によって、アメリカ軍は沖縄に対して半永久的な施政権を確保した。一九五三年には、アメリカ民政府が土地収用令を公布し、基地建設を進めた。その過程で、多くの人々は生活の糧を生む土地を失った。一九五四年、アイゼンハワー大統領は沖縄基地の無期限保有を表明し、同年には地代一括払い方針が発表された。一九六〇年、アイゼンハワー大統領の沖縄訪問時は、住民のデモ隊とアメリカ軍とが激しく衝突し、アメリカ軍が住民に銃剣を突き付ける事態となった。

アメリカ兵による事件や事故も相次いだ。

一九五五年のアメリカ兵による幼女暴行殺人事件。一九五九年、宮森小学校の米軍ジェット機墜落事故では、児童一二名を含む一八名が犠牲となり二〇〇名以上が負傷した。アメリカ兵による事件が起きても無罪判決が出るなど、沖縄住民の不満と怒りは、一九七〇年の「コザ騒動」へと発展した。

「復帰」運動は、「即時無条件全面返還」を望むものであったが、返還交渉でそれは実現されなかった。

一九六九年、日米首脳会談において沖縄返還が決定し、基地労働者の大幅な解雇計画が発表された。復帰への希望を抱きながらも、人々は復帰に伴う影響に不安を抱えた。

一九七二年五月一五日、基地のない沖縄を切望した思いが踏みにじられる形で沖縄は本土復帰を迎えた。

アメリカ統治下の沖縄において、米留経験者は、米軍資金でアメリカ留学をしたという理由で、沖縄にいるアメリカ軍関係者から「戦後沖縄におけるリーダー」として特別視された。アメリカとの懸け橋となり、戦後沖縄の復興を担うことが期待されたのである。また、地元沖縄の人々からは、「親米エリート」として厳しい批判的な眼差しを向けられた。「米留組」もしくは「米留帰り」として他者からの眼差しを受けた米留経験者。帰郷後に遭遇した二つの眼差しの狭間で、彼ら・彼女らはどのような葛藤や使命感を抱いたのだろうか。

「米留帰り」の就職先

一九五〇年代、米留経験者の就職先は、アメリカ軍関係者によって決められることがあった。一九五〇年代に留学した者は特に、アメリカで過ごした年数と同じだけ、「公職」として民政府で働くことを期待された。民政府からの圧力があったかどうかは、個人によって感じ方が異なった。

例えば、一九五〇年から一九五四年まで留学した比嘉幹郎さんの場合は、「アメリカの税金を使って留学したのだから」と民政府のデービッド・A・D・オグデン副長官から言われ、オファーを受け入れる他なかった。

「アメリカで学んだ分野は政治学。当時の沖縄においては重要な分野だという理由で通訳書記官をしろと言われた」

比嘉さんは、四年間通訳書記として働くこととなった。多くの米留帰りと同じく琉球大学での勤務を希望したが、「米施政権者が琉大も牛耳《ぎゅうじ》っていたらしく、その希望は叶わなかった」と語った。比嘉さんの専門が政治学であったことから、沖縄の軍用地問題に関する仕事に携わることになった。「土地の使用料を確定する琉球列島米国土地収用委員会で通訳や翻訳などをすることになったんです。米軍と沖縄の地主が争う裁判なので困ったなと思いましたが、仕方がなかった」と施政権を持つ米軍の絶対的な力について振り返った。

しかし、一九六〇年代以降は、必ずしも民政府が米留経験者の就職先に関与したわけではない。

米留制度で留学するも帰郷後、沖縄ではなく日本本土やアメリカで就職するケースが出てきたことが問題視されたのだ。一九六六年、米留制度を担当する民政府教育局内のある書簡では、そのような者の存在が指摘された。

その中の一人は、三年間の留学を経て沖縄に帰郷した後、再度渡米し、日本航空に就職した。三年間の奨学資金が無駄になったと受け取められたのだ。そのため、留学後は沖縄で就職するという契約書を書かせるかどうかが検討された。しかし、「米留学後に沖縄での就職を強制することは、人権侵害の点から注意すべき」とジャネット・B・フィンク民政府教育局長が指摘した（Ryukyuan Scholarship Program, 1966）。フィンク教育局長の対応は、民政府関係者が、沖縄の人々の人権侵害に抵触しないように配慮しながら米留制度を実施していたことを示すものであった。

一九六三年、民政府教育局によって作成された資料には、一九四九年から一九六一年までに米留学した沖縄の学生四三一名の就職先に関する情報がある（Education Department, Director of Returned ARIA Students, 1963）。そのリストによると、四三一名中、一〇五名（二四・四％）は教育関係、その中の六〇名が琉球大学、一三名が県内の大学、二九名が県内の高校、三名が図書館や博物館に採用された。

また、一一七名（約二七・一％）が民間企業に勤めた。その中の五八名が日本企業、三〇名がバンク・オブ・アメリカ（三名）をはじめとするアメリカ企業であった。地元の企業はわずか二名であった。また、一九四八年に軍政府布令に基づき「特殊銀行として」設立された琉球銀行に二七名が勤務した。

七五名（一七・四％）が政府機関に勤務し、そのうち、二九名が民政府、一五名が琉球政府に勤めた。

また、留学終了後、八四名（一九・五％）が沖縄以外の場所に住んでいることが分かる。その者たちの就職先の情報はないが、日本本土在住が五五名、アメリカ在住が二七名、南米在住が二名とされている。日本本土在住の数が多い理由は、大きく分けて二つあった。一つは、奄美出身の米留経験者の存在である。実際の人数は把握できないが、奄美が日本に返還されたことで、奄美出身で地元に戻って就職した米留経験者が日本在住とされたからだと推測できる。もう一つは、就職や結婚を理由に沖縄を離れた者も日本在住とされたからだと思われる。

その他に、一〇名の帰国者が沖縄の米軍基地内で働いた。また、自営業は一八名、家事は二名、国際結婚した者は一〇名とされた。残り一〇名は不明であった。

琉球銀行、琉球開発金融公社、琉球生命などに就職した者は、留学を通して磨いた英語力が重宝された。

例えば一九四八年に設立された琉球銀行は、アメリカ軍政府が出資金の五一%を出資していた。そのため、銀行の諸活動は民政府の承諾を得なければならなかった。民政府へのさまざまな報告を英語に訳する人材の確保が必要とされ、米留経験者が配置された。多い時では給料に二〇%が上乗せされるなどの英語手当に恵まれた(*Golden Gate Club*, 1963)。

一九五八年に琉球銀行に入社した比屋根俊男さん(一九六一年留学)は、琉球銀行での勤務には英語力が必須であったことを次のように話した。

「アメリカ人客のための特別な窓口がありました。私はそこに配属されたことがあってね。アメリカ人のお客さんが来るたびに、とても緊張してね。留学する前だったから、英語は話せなくて。伝えたいことは紙に書いてといったようにしていました。そうすると、お客さんがその紙にまた返事を書くといったように」

比屋根さんは、銀行での勤務経験を通して、おのずと「米留」を目指すようになった。

また、一九五九年に設置された琉球開発金融公社も、民政府が出資していたため、職場で使用される言語が英語であったという理由で、専攻にかかわらず米留経験者の多くが就職した。

英語力やアメリカでの経験が帰郷後に活かされた米留経験者は、自らの留学経験を肯定的に評価した。「米留帰り」である自己を意識するようになったと振り返るのは、一九六一年から一九六三年まで留学したある男性だ。

「正確な意味は分かりませんが、留学していない友人たちは、『米留組』は歩き方や喋《しゃべ》り方ですぐ分かる、とよく言っていました。確かに、私自身、写真を撮られる時は、アメリカ人がやっているように、意識的に頭を四五度右に傾けたりして、カッコいい自分を演出していたように思います。当時の沖縄では一般的ではなかった帽子を好んで被《かぶ》ったりしてね」

別の男性も、当時アメリカで流行していたアイビールックを真似したり、レディーファーストというアメリカのマナーに沿って女性と関わったりした経験を話した。アメリカ人のように振る舞うことで男性性を表現したのである。

アメリカ留学はまた、単に学術的な知識を身につけるだけではなかった。

一九六一年に琉球生命に就職した後、ハワイ大学で経済学を学んだ仲地民雄《なかちたみお》さん（一九六四年留学）は、米留経験を人のために役立たせることができた、と自身の経験を振り返った。一九四八年に創業された琉球生命も民政府が出資していたため、日常の業務で英語力を必要とする職場だった。仲地さんは、琉球生命の東京事務所の社長が沖縄を訪れた際、病気になり、輸血が必要になった時の話をした。稀《まれ》な血液型だったため輸血できる血液の確保が難しい状況だったが、仲地さんはアメリカ人であればこの血液型の者がいるかもしれないと思い、基地に連絡を取って輸血を依頼したのだ。

「血液型の合う献血が成功し、社長の手術も上手《うま》くいき、危機を乗り越えることができた」

米留経験で得た見識で一人の人間の命を救うことができた、と留学経験を高く評価した。

「社会のニーズに応えて」東江平之さん（元琉球大学教授・心理学）

沖縄に戻ってきた米留経験者の中には、大学で教鞭をとった者も多かった。米留学を二、

リッジ（金門橋）から名付けられた。太平洋を跨《また》ぐ長い海路の旅の末に見た光景が、帰郷後も米留経験者の心に焼き付いていた。

「金門クラブ」は、米留経験者同士の連帯感が生まれた場所だった。

クラブ設立の発起人は、一九五〇年に渡米した四、五名の米留経験者。初代会長は当時琉球大学で英米文学を教えていた亀川正東《かめかわしょうとう》さんが担った。

クラブは留学した年代や留学先が異なるメンバー同士でも、留学経験の思い出を語り合える場であった。例えば、一九五〇年に渡米した比嘉幹郎さんは、インタビューの中で、「金門クラブ」は「同胞としての絆を感じる場」と回想している。

「年齢の差はあったが、グループ意識は強かった。海路の旅の経験だけではなく、同じ船で移動したことや、ミルズ大学でのオリエンテーションの経験は、異なる年齢の米留経験者を結びつけるものだった」

「金門クラブ」の設立は、民政府からの要請があったわけではなかった。しかし、一九五〇年代後半から一九六〇年代にかけ、民政府の軍関係者との交流の場としても機能していった。

『金門クラブ―もうひとつの沖縄戦後史』（一九八八）という著書の中で、金城弘征《きんじょうひろゆき》さん（元大宝証券社長）は「金門クラブ」についてこう述べている。

「金門クラブを組織した米留エリートたちの意図は、会員相互の親睦をはかり、併せて米琉相互の国際理解の架け橋となることを通して郷土の発展に寄与しようとすることにあった。そこには、得がたい米留体験を活かして沖縄のために尽くそうとする純粋な若き情熱以外なんにもなかった。ところが異民族統治のもとにおける複雑な社会情勢は、金門クラブがたんなる親睦団体にとどまることを許さなかったのである。

米軍政当局は何かにつけて金門クラブを、前面に押し出し、アメリカ民主主義の生き証人として利用しようとした。それを敏感に感じとった住民側は、金門クラブを一種独特な存在として見るようになっていた。統治者と被統治者が基本的に対立する社会構図の中にあって、米琉の架け橋たらんとすることに何の意味があるのか、という問いかけが民族主義の立場から発せられた。かと言って、真の国際理解が双方に必要であることも否定できない。この二つのテーゼの狭間で苦悩する宿命を、金門クラブは当初から背負っていたと言える」

同書において金城氏が指摘したように、「金門クラブ」のメンバーは、統治者・アメリカと被統治者・沖縄人との狭間に置かれ、葛藤や苦悩を抱く「宿命」を背負っていた。しかし、「米留組」のストーリーはそこでは終わらない。インタビューや史料からは、米留経験を有する者としてどうあるべきか、そのあるべき姿を自問し続けた姿が見えてくる。

まず、金城さんの著書に加えて、インタビューや関連資料収集で得た新たな情報を加えながら、「金門クラブ」の活動の詳細を見てみよう。

クラブの主な活動は、月例会の開催だった。各界で活躍する者や高等弁務官らを月例会に招待し、沖縄に対する見解や政策について演説を依頼した。

月例会は、「ハーバービュークラブ」で行われた。現在、沖縄県庁や県議会がある那覇市

米領事館で金門クラブのガーデンパーティー（1958年）
（写真所蔵：沖縄県公文書館）

泉崎《いずみざき》にあり、軍関係者しか出入りが許可されていなかった場所だった。

一九六二年六月一二日、「金門クラブ」の月例会にて、第三代琉球列島高等弁務官のポール・キャラウェイが演説を行った。キャラウェイは、一九六一年二月から一九六四年七月まで沖縄で任務に当たった。「反共の防波堤」としての沖縄の地理的な重要性を強調し、沖縄と日本本土を切り離す「分離政策」をさらに強行した。

演説のタイトルは、「現実を直視せよ」。その演説においてキャラウェイは、アメリカで教育を受けた「米留組」こそが、沖縄のリーダーであると述べた。

米留経験者を特別視した高等弁務官は、キャラウェイだけではない。第二代高等弁務官のドナルド・ブース将軍は、一九五九年九月一日に「琉球の将来の発展」と題したスピーチを月例会で行った。その中でも聴衆に向かって「将来の指導者」と米留経験者を称していた（『今日の琉球』第三巻一〇号、一九五九）。

一九六三年三月五日、キャラウェイは再び月例会で、「自治」と題した演説を行った。その中で、アメリカ統治下の「琉球」の自治を神話に過ぎないとし、さらに「琉球政府で働いていた琉球人は効率性に欠け、また無責任である」とする発言をした。琉球政府に与えられた責任が履行されていないと強く批判したのだ。一方で、米留経験者である聴衆に向け、「諸君はもはや、琉球列島での指導者」と称賛し、「才能や影響力を利用」し、社会変革を担う責任を期待した（Caraway, *Autonomy*, 1963）。

このキャラウェイの「自治神話」演説は大きな波紋を呼んだ。すぐに地元紙は彼のスピーチの全文を掲載し、琉球の自治及び琉球政府に対する彼の発言を大きく取り上げた。

地元紙は、沖縄の各政党代表の発言を掲載して、キャラウェイのスピーチ、特に沖縄の自治や琉球政府への言及を強く批判した。沖縄社会大衆党（社大党）は、「直接政治の現れ」であり、「民主主義のショウウィンドウどころか前世紀時代の政治への逆戻りであり米国自体大きな禍根をのこす」ことになると批判的見解を示した（『沖縄タイムス』一九六三年三月一三日）。さらに、キャラウェイによる米留経験者への言及についても、続けて次のように指摘した。

「高等弁務官が米国に留学した人々を指導的有能者と寓揚し、自治を要求する者を、政治的雇人、山師的政治家（Political hacks）詐欺的経済人、似而非《えせ》経済学者（Economic Quacks）とけなした対照的な表現に意図的なものを感ずるとともに、これが植民地統治において常套《じょうとう》的にとられるあり方であることに鑑み、真意の然《しか》らざることを米国のために望むものである。然しながらhacks, Quacksの語が少なくとも悪徳を意味し、責任ある人の紳士的な言葉として避くべきであることを思い、敢えてこれを口にしたことに対し遺憾の意を表するものである」(『琉球新報』同日)

キャラウェイのセンセーショナルな演説は、ほぼ一か月間にわたり、地元紙に大きく取り上げられた。

自治権拡大闘争が展開されている中でのキャラウェイの発言は、日本復帰を求める運動を加速させた。一方で、米留経験者を「親米エリート」あるいは「米軍のボディーガード」とする見方も沖縄住民の間で強まっていった。

キャラウェイの「自治神話」演説に対して、米国国際連合大使のアドレー・スティーブンソンは、抗議の文書をロバート・マクナマラ国防総省長官に宛てた。国防長官は、国防政策の立案と遂行を担い、軍を統轄する。スティーブンソンが送った文書には、キャラウェイの演説が「独裁的」で、「我が国の利益に深刻な損害を与える可能性がある」との指摘があった。抗議文の要約は次の通りである。

「キャラウェイの演説は、国防総省長官であるあなたによる、迅速な検討に値するものです。私はこの演説を読んで愕然としました。国連における我が国の利益に深刻な損害を与える可能性があるだけでなく、日本人や他の国々の間に全く不要な問題を引き起こす可能性があるからです。スピーチ全体のトーンは恩着せがましく、独裁的でさえあります。最後の数段落は信じられません。琉球人の政治的地位に関する将来の表明は、我々の規範と、より広範囲な利益と義務とに調和したものであることを希望します」(Summary of the Letter to Robert McNamara, 1963)

スティーブンソン国連大使の抗議文書は、独裁的なキャラウェイの演説を批判しつつ、アメリカ人としての規範や義務とは何かを改めて問いかける内容であった。つまり、沖縄の統治のあり方を批判し、統治者としてのアメリカ人の主体をも揺るがすものであったことが分かる。

一九六四年四月、ジョンソン大統領によってキャラウェイの更迭が決まった。その後任の第四代高等弁務官として、アルバート・ワトソン中将が任命された。ワトソン高等弁務官は、「金門クラブ」や米留経験者を優遇することは控えたので、「金門クラブ」に対する沖縄住民からの批判も自然と勢いを失っていった。

「金門クラブ」を振り返る

「金門クラブ」に関わりのあった米留経験者は、「米留組」としての葛藤や使命感をどのように感じたのであろうか。また、今、どのように「金門クラブ」を問い直すのだろうか。

金城弘征さんは琉球銀行での勤務を経て米留し、一九五七年に帰郷した。「金門クラブ」について次のように当時を振り返る。

「会としては公平にやっていました。米軍批判した沖縄人民党の瀬長亀次郎さんも呼んでスピーチしてもらったりしてね。でも、ハーバービューでやっているということで、特権意識をくすぐるような部分もありました。だから政治音痴だったと思います。スタンスとしては公平にやっているつもりなんですね」

キャラウェイによる「自治神話」演説の翌日、批判的なコメントが地元紙に溢れる中で、「金門クラブ」としての動きはあったのだろうか。

「特にありませんでした。結局、キャラウェイの時に金門クラブは利用されたんです。キャラウェイのやり方に対するいろいろな声が聞こえていました。宝村《たからむら》さん（宝村信雄《のぶお》・元琉球開発金融公社総裁）はキャラウェイの側近として見られました。次期高等弁務官のワトソンは、キャラウェイの反動で、キャラウェイが大事にしていた人たちを疎外したんですね。金門クラブもその中に入っていました。自然に金門クラブに対する噂《うわさ》もなくなっていきました。キャラウェイの後だったから、ワトソンは、意図的に金門クラブを敬遠したんです。世論の反発があったから。高等弁務官と金門クラブとの関係もそれから薄れていったんです」

「金門クラブ」でのキャラウェイの演説には、会員ら一〇〇名ほどが集まっていた。金城さんは、米留経験者が演説に対して強く批判しなかったことに対して、「重大なことだと思っていなかったのではないか」と語った。

『琉球新報』（一九六三年三月七日）には、会員から質疑応答の時間には質問があったことが記載されている。「大田《おおた》政府（筆者註：大田政作《せいさく》・第三代琉球政府行政主席）には能力がないというのか」、「高等弁務官の任期はいつ切れるか」といった質問だった。

キャラウェイの「自治神話」に対して、ある米留経験者は、「日本は中央集権であるため、沖縄が自治を求めて復帰しても理想的にはいかない、ということをキャラウェイは指摘した」と当時を振り返った。また、沖縄の人にとっての「自治拡大」への思いが理解されず、辞書的な「自治」の定義に基づいた演説だった、と回想した米留経験者もいた。

キャラウェイの後任のワトソンは一九六四年九月二九日、「金門クラブ」で演説を行った。その演説の中で、沖縄の住民の「金門クラブ」に対する評価が下がったことへの懸念を示した。

そのワトソンの演説後に述べられた閉会の辞が記録されている。当時「金門クラブ」の会長であった川平朝清《かびらちょうせい》さん（愛称「カビラ・キヨシ」・元放送局経営者、一九五三年留学）による言葉だ。

「今日、ゴールデンゲート・クラブが悪名高い組織であると、さまざまな形で批判され、新聞やラジオ、テレビなどでそのように喧伝されているという現実を我々は直視しなければならない。しかし、これは、我々の本来の意図ではないし、この組織の発展と維持に努めてきた役員たちの心にもなかったことであります。（中略）私たちは、日本への復帰について語ることや、日本の影響力について語ることは、多くの場合、特にアメリカの行政機関やアメリカ系企業で働く人々の間ではタブーとされてきました。このような雰囲気を緩和し、よりオープンに話ができるようになることを願っています。（中略）私たちは、英語という言語能力を使って、琉球人を代表して発言することを決して恐れません。同時に、私たちは、アメリカの政権や政策の良いところを、公正且つ適切に表現できるだけの自信を持つべきです」（Closing Remarks by Mr. Kabira, 1964）

川平さんの言葉は、米留経験者としての使命感を改めて表明するものだった。

キャラウェイの演説後、「金門クラブ」は組織としての動きを大きく見せることはなかったが、米留経験者はそれぞれのおかれた場で、そして復帰後の沖縄においても、個々の真価を発揮させていったのだ。

「琉球の将来を築く人びと」——「米留組」の幻想の形成

アメリカ統治下の沖縄を描く米国の雑誌や映画において、沖縄の住民は子どものような存在として、またアメリカ人は父のような役割として描かれることがあった。沖縄の人々は、意思決定ができず、まだ西洋的な文化に達していない「島民」として描かれた。

例えば一九五六年に公開されたハリウッド映画『八月十五夜の茶屋』では、沖縄の人々を民主主義を知らない村民として描いた。「オリエンタリズム」的な見方は、アメリカの対沖縄軍事政策や民政府の広報メディアにも見られた。つまり、住民を保護、指導、教化すべき対象とすることで、アメリカの父性的役割を明確にするという、アメリカによる沖縄支配を正当化するために用いられてきた手法であった。

しかし、米留経験者に対しては、異なる眼差しが向けられ、一種の幻想が形成されてきた。

一九五九年七月、アメリカ民政府発行の『守礼の光』は「琉球の将来を築く人びと」と題する記事を掲載した。

「帰国学生たちがこのゴールデン・ゲート・クラブを結成した動機というのは、琉米両国民の理解と友好を深めるには、両国を知り、両国語を話せる自分たちこそ最適任だと思ったからです。

どこの国にも外国との親善友好を目的としたクラブ活動があります。しかし琉球の場合はもっと切実です。琉米両国民は毎日一しょに働いているのですから、ほんとうによくわかり合う必要があります。血をわけた兄弟の間でも、毎日一しょにいれば意見の相違も出るし、けんかをすることもあります。まして人種の違った者同士が一しょに生活する場合には、誤解やまちがいが起るのは止むを得ないことです。だからゴールデン・ゲート・クラブの目的も、高遠な理想などというむずかしいものではなく、もっと身近かな実際的なものでした」

その記事は、「金門クラブ」の活動を「琉米親善」の実践者として紹介し、「金門クラブ」とアメリカ民政府との親密な関係が強調された。米留経験者を理想の指導者として描き、アメリカの統治が沖縄の将来において好ましいものであることの説得を試みるものであった。

第一章で述べた通り、民政府の広報映画『明日を導く人々』(一九五二)は、アメリカ留学を通して民主主義を学び、戦後沖縄社会の復興を担うリーダーとしての「米留組」の姿を描くものだった。「郷土のために」米留学に挑む留学生の姿が強調された。

英文学者の米須興文さんは、『明日を導く人々』に登場する学生の一人だ。この映画に描かれているように、沖縄戦後社会の復興に関して貢献しようというような意識があったかどうか聞いたところ、次のように述べた。

「これは新聞記者にも以前聞かれたりしたんですけれどね。僕の個人的なものなのか、アメリカ教育の成果なのか何か分かりませんが、国のためにとか郷里のためにとか、そういう大きな覚悟みたいなものはないんです。（中略）愛郷心ももちろん貴重な心境だと思うのですが、それを私が持っているかと問われると疑問ですね。沖縄のために、という風にはあまり考えたことはないと思います。明治時代のあの何というかね、憂国の士という気構えというのは持ったことはないですね。新渡戸稲造なんかはそうだと思います。僕は新渡戸稲造の本を読んで留学の夢に火がつきましたが、日本をなんとかしてやろうとか、沖縄をなんとかしてやろうとか、そういう意識はあまりなかったと思いますね。良くないかもしれませんがね。（中略）要するに自分がやるべきことをやりたい、それが結果的に沖縄のためになればいいということは考えましたが、いつも考えているわけではない。目の前の仕事を一生懸命やってきたということが事実です」

米須さんの言葉は、留学生が民政府の広報誌や広報映画において描かれる「米留組」の幻想に陥っていないという証明でもあった。

「親米派ではなく知米派」宮良用英さん（元エッソ石油沖縄支店長）

宮良用英さんは、一九六〇年から一九六三年、三期にわたって「金門クラブ」の会長を務めた。一九五二年から四年間留学し、一九五六年一月に沖縄に帰郷後、民政府の情報教育部に就職した。その後、宮良さんは、米国総領事館で勤務したこともあり、「金門クラブ」と軍関係者との交流が活発になっていった。その頃の「金門クラブ」の会員数は約三〇〇名だった。

「僕が会長になってからね、それ以前は宝村さん、その前が大田さん（大田昌秀）だけど、僕は金門クラブを活性化したわけね。急に金門クラブというのが有名になったの。全盛時代をつくったから。僕は何かアクションを起こさないといけないなと思って、高官を呼んだりした。そういうのをやった。だからいろいろな人が来ましたよ。ライシャワー駐日大使が赴任する時もね。手紙を書いて、沖縄に来られた時にはね、金門クラブでスピーチしてくれと頼んだわけ。大田主席（大田政作・琉球政府行政主席）も金門クラブに来てスピーチした。一つ失敗したのがね、ケネディーの弟。彼も約束してあったわけ。東京まで来たの。早稲田で演説して、その時だったかな。兄さんがやられて急遽《きゅうきょ》、アメリカに帰ったの。アイムソーリー、申し訳ないって。（中略）

あの時は、瀬長君（瀬長亀次郎）も呼ぼうということで、彼はハーバービューと言ったら来ないだろうと思って、八汐荘《やしおそう》に呼んで。中国での原子爆弾（一九六四年に新疆《しんきょう》ウイグル自治区で行われた中国初の核実験）の時期だった。どう思うかってみんなから質問されていた。ディスカッションです。（中略）だからキャラウェイにしても何にしても、手を上げて何でもフリーですから。アメリカ人の場合は、イングリッシュ。通訳も何もいらない」

宮良さんは「金門クラブ」が沖縄の現状や将来について意見を交わす場であったと語った。

そして宮良さんは、『沖縄タイムス』のインタビューで、次のように述べている。

「金門クラブが向米一辺倒だと批判されたのは事実であり、そういう印象を与えたことは否定しない。しかし、金門クラブは政治結社ではないし、組織として、政治的にイエス、ノーの態度をはっきり打ち出したこともない。われわれは、自らを親米派ではなく知米派だと言っていた。／知っていればモノも言えるが、知らないと言えない。事情を知っている人に言われると相手も納得する。その意味で、金門クラブは意思疎通の役割を果たしたと思っている」（一九八九年二月二四日）

「金門クラブ」は決して政治的な団体ではなかったと強調した。「沖縄のために何かしたい」という気持ちは沖縄に戻ってから芽生えたという。「金門クラブ」が尽力した「琉球財団」の設立は、「米留組」として自分のできた社会貢献であったと語った。

民政府の広報誌『今日の琉球』に「琉球財団と今後の活動―有能な人材の育成で社会の発展に寄与」と題して、宮良さんの寄稿記事が掲載された。

「もっと広い意味で沖縄社会の発展向上に寄与したい希望をもち続けて参りました。私達はアメリカでの生活を通して、西洋の人々がたえず恩恵をうけている社会の健全な発展のために、自分が営々として築いてきた財産や富を社会の為に投じている姿に深く感銘し、こういった国家的な財団が沖縄においても必要だと痛感して参りました」

さらに、「海外で勉学する機会に恵まれた者として沖縄の社会のために何らかのかたちで報恩しなければならないという熱意が旺盛にみられることは『琉球財団』の今後のために大いに意を強くするものであります」（第六巻八号、一九六二）とある。

記事の最後に、宮良さんは、アメリカでは慈善社会事業を目的とした寄付金に対しては税の減免措置が取られるため、同じことを琉球政府に求めたいと記した。

宮良さんは記事が掲載された当時を次のように振り返った。

「米留制度の恩恵は自分も受けている。後輩のために、これはない方がいいとか、これはもっとやるべきだとか、自分の経験を踏まえて動きました。その気持ちが強かったです。自分の時間とか、金とか何もならない。自分のためでなくて、こんなこと言うのは、おおげさかもしれないけど、将来のためにね」

また宮良さんは、米留予定者を「金門クラブ」に積極的に招待するなどして、「米留組」の体験を共有する場を設けた。民政府が一九六五年に作成した「陸軍省米留学スポンサーシップ・プログラム」と題した資料があるが、そこには、出発前の留学生一人ずつに対して、「金門クラブ」の会員一人と基地内のアメリカ人一人の名前がメンター（相談役）として記載されている。そのスポンサーシップ・プログラムの支援も行った。

さらに、宮良さんは、一九五九年に始まり、一九七二年まで続いた琉球とハワイの親善事業「ブラザーフッド・プログラム」に対しても尽力した。そのプログラムには、「『米国人』と『琉球人』両方の属性をもつ『琉球系米国人』であるオキナワ人(生まれつき米国人である二世と米国に帰化した一世)を米琉間の『橋渡し』役とし、彼らを介して沖縄住民をコントロールする」といったアメリカ軍の政治的な意図が反映されていた(岡野、二〇〇八)。しかし、宮良さんは、「金門クラブ」とハワイの「フイ・マカアラ」(沖縄系移民二世の団体)との相互交流の機会を拡大できたことを肯定的に評価した。ハワイの沖縄系移民との交流を通して、アメリカ統治に対する住民の反発を抑え込もうとするそのプログラムの政治的な思惑を超えて、宮良さんがハワイとの交流プログラムに尽力した熱意が語られた。

「みんな一緒にしたカレッジクラブに」大田昌秀さん(元沖縄県知事)

大田昌秀さんは、一九五七年から一九五八年の間、「金門クラブ」の会長を務めた。「金門クラブ」の会長を引き受けた理由は、大田さんがアメリカ留学中に出会った人々の中に、「アメリカ人の良心」を垣間見た経験が大きかった。

先に述べた通り、大田さんはアメリカ留学中に、マーチン・ルーサー・キング牧師やアドレー・スティーブンソン（前述した後の米国連大使）の言動に感銘を受けた。スティーブンソンは、当時イリノイ州の前知事であったが、大統領選で民主党から出馬し、共和党のアイゼンハワーと闘った。その選挙戦の際、スティーブンソンの演説を聴いたのであった。「アメリカの自由人権協会の元会長で、国際人権連盟の議長でもあったロジャー・ボールドウィンの存在も大きかった。彼は、日本の自由人権協会に対して、沖縄で人権が侵害されているというから調べてくれと頼んだんです。そうしたら、その人権協会の人たちが、沖縄の人たちに依頼してね。伊江島では土地を強制的に取られて、沖縄のガンジーと言われている阿波根《あはごん》（昌鴻《しょうこう》）さんが、後に『ヌチドゥタカラ（命こそ宝）の家』というのを伊江島に作って活動しているけれども、阿波根さんのその戦いぶりについて報告書を作ったんです。その報告書が、日本本土でも報道されて（筆者註：「米軍の『沖縄民政』を衝く」『朝日新聞』一九五五年一月一三日）、戦後初めてアメリカ統治下の沖縄の現状が本土にも伝わったんだけど。

なぜロジャー・ボールドウィンさんが日本の自由人権協会に依頼したかというと、オーティス・ベルという沖縄に住んでいたことのあるアメリカ人の牧師がいて『クリスチャン・センチュリー』という雑誌に記事があるのだけど、その記事は、アメリカは沖縄で人権侵害をしているという内容だった。私はそれをアメリカ留学中に読んで、アメリカ人にもこんないい人がいるのかと、驚いたからね。

それからいろいろとアメリカの公文書館で資料を集めていたら、デミングという総領事がアメリカ政府に対して、米軍はけしからんことをしている、沖縄で人権侵害をやっていて、こんなことはやるべきじゃないといって、国務省に送った電文を読んだわけね。

こういうアメリカ人がいたことを知っていたから、話し合いで沖縄問題を解決しようということで。それで金門クラブの会長をやった。ざっくばらんに議論をしたわけ、たまには大喧嘩もした」

「金門クラブ」の活動を通して「話し合いで沖縄問題を解決しよう」という願いは実現できたのだろうか。

比嘉幹郎さんと大田さんは、民政府渉外報道局長であったカール・バーツをハーバービューに呼んで、「金門クラブ」の状態について話をしたことがあるという。「金門クラブ」

のメンバーが、米軍の手先になる形で沖縄の人の利益を損なっている、と大田さんは伝えた。そして、バーツに次のように提案した。

「日本の大学の卒業生、フィリピンの大学の卒業生、ハワイの大学の卒業生、みんな入れて、沖縄カレッジクラブにしたいと。金門クラブだけを特別にやらないで、大学卒業生をみんな一緒にしたカレッジクラブにしたいと言ったら、"Don't be conceited."（うぬぼれるな）と言われた。結局できませんでした」

大学教育を受けた者同士が一緒になった「カレッジクラブ」を設立し、話し合いで沖縄問題を解決しようという想いは実現できず、大田さんは「金門クラブ」を去った。

「人材育成をキーワードに」比嘉幹郎さん（元沖縄県副知事）

比嘉幹郎さんは、「金門クラブ」の活動の場所をつくることに尽力した。当時民政府で通訳をしていた比嘉さんは、民政府に働きかけ、資材としてコンセット（クォンセット・ハット、米軍のかまぼこ型兵舎）を融通してもらった。しかし、「沖縄は暑くて使用できなかった」。

そこで、那覇市寄宮にあった民政府管理の土地（現在、国際コミュニティカレッジのある場所）を確保し、寄付を募ってセメントで建物をつくった。アメリカ系石油会社カルテックスで働いていた「金門クラブ」の会員を通して寄付を募ったが、「当時、給油所は儲《もう》かっていた」という。

一九五六年に「金門会館」が建築された。英語教室を開いたりして活用していたが、資金が続かず、民間企業に賃貸しクラブの事業収入にあてた。「金門会館」は琉球財団によって管理され、賃貸収入から、英語スピーチコンテストを助成するなどした。

一九五八年、沖縄での四年の就労義務を終え、比嘉さんは修士課程へ進むため再渡米した。比嘉さんは、当時の社会状況を次のように回想した。

「復帰を実現するためには、邪魔になることは排除された。英語を勉強することも排除された。復帰の動きから外れることがすべて批判された。英語の勉強もだめ。アメリカ側と親しくするのもだめ。琉米文化会館の活動も復帰の妨げになる。金門クラブも親米一辺倒という風に見られていたため、とても気を遣った。そういった中でどのような活動ができるのか。難しい立場だった。何ができるか模索した。何をするにしても気を遣う時代だった」

比嘉さんは再び留学した後、一九六四年に琉球大学に就職した。沖縄の発展には人材育成が大事だと考えた。一九七九年に同大学を退職後、一九八四年までの間、副知事として「人材育成」をキーワードに留学を後押しする活動を進めた。復帰後の基地内大学への進学制度の設立などの道筋を作った。

「米留組」にとっての「本土復帰」

復帰運動の中で、教員の役割は大きかった。

上原源栄さん（元高校教師）はあえて、「米留帰り」でも復帰運動の前線でアメリカに対して抗議ができるのだということを証明したい気持ちで運動に参加した。

アメリカ軍兵による性犯罪も後を絶たなかった。民政府による沖縄住民に対する不当な扱いを目の当たりにした米留帰りの人々は、沖縄の復帰を望むようになった。復帰運動では、沖縄県教職員組合が重要な役割を果たし、ほとんどすべての教師が参加した。

一九六五年にハワイ大学で英語教授法を学んだ元高校英語教師は、「教員でしたので、復帰運動には皆駆り出されました」と当時を振り返った。

「みんなで『ヤンキーゴーホーム』などと叫ぶ時、アンビバレントな気分は正直ありました。留学していたことを隠さなければとも感じました」

留学から帰郷後、自信を持って教壇に立てるようになったという彼女は、差別語であるヤンキーという言葉で復帰への要望を表現することに納得ができなかった。

ハワイ大学で教育心理学を学んだ別の元高校英語教師も、同僚と反基地運動に参加した。奨学金をもらったため、「アメリカに足を向けられない」という気持ちがある一方で、沖縄の統治下の現状への不満との間で葛藤を感じたという。

「軍という組織とアメリカ人は別に考えないといけない」

また、「私たち若い者が、今、日本復帰を勝ち取り、平和な日本にしようと皆、燃えていた」とも語った。

このようにして成し得た復帰は、米留経験者の雇用形態にも影響を与えた。

復帰によって、アメリカ系企業や民政府に勤務していた米留経験者たちの雇用形態は、大きく変化した。例えば、一九五八年から一九六〇年にアメリカで経営学を学んだ長田亮一さんは、アメリカの航空会社（ノースウエスト航空東洋支社）に初の沖縄出身のフライトアテンダントとして就職した。七年間勤務したが、復帰に伴い、従業員を八〇名から二〇名にするための大幅な解雇がなされ、退職した。

また、一九五九年にアメリカ留学し、琉球開発金融公社に勤務していたある男性は、復帰の影響を次のように語った。

「ほとんどの業務を英語で行っていたため、復帰の影響は大きかったです」

日本への施政権返還によって会社の言語が英語から日本語に変わった経験をした。

「一八〇度変わったのです。英語を話す利点もなくなり、仕事を変えようかと思ったほどでした。例えば、私が琉球開発金融公社にいた頃は、全員が区分けされた個別のスペースを与えられていました。しかし、復帰後、沖縄振興開発金融公庫に統合されて、隣合わせの席に座ることになったのです」

合併後の大きな変化を「大変だった」と振り返り、本土から来た職員との関係を築くのにも苦労し、批判されたエピソードを語った。

「復帰前は、高い給料をもらっていたので、うぬぼれが強かったのではないかと思います」

その頃の変化は苦い経験だった。

帰郷後の米留経験者は、アメリカ軍関係者からは「将来の指導者」として特別視され、職場でも米留経験は優遇された。一方で、沖縄住民からは、米留経験者に対して「米軍の親衛隊」、「向米一辺倒」と批判の声が向けられた。支配者のアメリカと被支配者である沖縄との狭間で葛藤を抱えながら、米留経験者としての自己の使命感を自問したのであった。

第五章　「米留組」が遺したもの
〈復帰五〇年〉

沖縄県南風原町新川にある沖縄県公文書館
（写真提供：沖縄県公文書館）

一九七二年の沖縄本土復帰後、海洋博の開催も決まり、沖縄では日本政府支援の振興開発助成策によって生活や産業基盤の整備が急ピッチに進められた。国道などの公共道路が整備され、沖縄は車社会へと進んでいった。街の中心部だけでなく村道や農道にも街灯がつき、夜道も明るくなり、アスファルトで舗装された。また、米軍基地跡地開発として、大型商業施設が次々と開業した。小売店、豆腐屋、鮮魚店などは姿を消し、人々の生活スタイルが変わった。那覇の国際通りは庶民の生活の場だったが、観光客相手の新しい店が次々と開店した。

一九七五年の沖縄国際海洋博覧会の開催から、沖縄は観光と強く結びついていった。日本との同化の波が押し寄せる一方で、文化や歴史の独自性をどう捉え実践するかを模索した時代だった。

沖縄テレビ（OTV）では一九八七年、沖縄にルーツを持つ世界の県系人を紹介する番組が始まり、また一九九〇年からは世界の県系人が「母県」沖縄に集う、「世界のウチナーンチュ大会」が概《おおむ》ね五年に一度開催されるようになった。それらは、次世代のアイデンティティの希薄化に対する危機感から「沖縄の独自性」を捉え直そうとする動きであった。

本章では、そのような一九七二年の復帰後の沖縄社会における米留経験者の足跡を辿る。

復帰を機に、アメリカ軍資金による米留制度は途絶え、「金門クラブ」の活動も徐々に減り終息した。米留経験者は、復帰後の沖縄の社会変容について、「アメリカ兵の数が急激に減っていった」、「日本の影響がよく感じられた」、「軍事基地は居座り続けた」という言葉で表現した。

第一章で述べたように、アメリカ軍の資金による米留制度は、アメリカ側の政治的思惑があったことは否めない。アメリカの政策に共鳴する親米指導者の育成という目的の下、アメリカ的価値観を推進し、住民との相互理解を深める「琉米親善」を担う役割が期待されたのであった。

一方で、米留経験者は、留学経験者としての責任を模索し続け、復帰後の沖縄社会における政治、教育、文化、福祉といった場に登場した。さらに、留学制度の存続にも取り組んできた。

米軍基地問題に対峙《たいじ》する

留学経験を活かし、日米両政府と対峙してきた大田昌秀さんの存在は大きい。一九九〇年に沖縄県知事に就任し、一九九八年まで八年間の任期を務めた。

米軍基地問題に取り組んだ当時を次のように語った。

「知事をやっていて、日本政府、アメリカ政府という強大な権力が、こんな厚い壁になって立ち塞がっていたから、この壁を破ってどういう風にして沖縄問題を解決するか、本当に日夜苦労していたわけね。知事になる前から、沖縄問題を解決するためにいろいろな人と交渉したりして、アメリカの学者なんかとも議論した」

大田さんは、日本政府への強硬な姿勢を示す一方、日米両方に沖縄の基地問題への理解と協力を求めることに取り組んだ。

「壁の向こう側にいっぱい友達を作り、理解する人を増やす。そうしたら壁そのものの存在が消え、問題が解決するんです。沖縄の基地問題を伝えるようにして、一人でも理解者、友人を増やそうとした。アメリカではずいぶん歓迎された。沖縄問題が初めて分かったと、アメリカでの理解者がずいぶん増えたわけね」

大田さんは、基地問題に詳しい弁護士や研究者らを講師としてアメリカに派遣した。次に、沖縄の伝統文化を理解してもらうために、沖縄の古典舞踊家をワシントン、ハワイ、ニューヨーク、サンフランシスコへと派遣した。政治と文化の両方の側面から、沖縄問題の理解を深めるため行動したのだ。

ところが、一九九五年に少女暴行事件が起こり、沖縄に大きな衝撃が走った。基地外に出かけた米兵三人に小学生が車で連れ去られ、暴行されたのだ。当初米兵の身柄を日本側が拘束できなかったことを受け、事件の約一か月後には、日米地位協定の見直しと米軍の整理・縮小を求める抗議集会として「沖縄県民総決起大会」が開かれ、主催者発表で八万五〇〇〇人もの人が集まった。

同年、大田さんは代理署名拒否という形で、県民の怒りを日本政府に突き付けた。当時、米軍用地を所有する地主が契約更新を拒否しても、政府は強制的に使用手続きを行おうとしていた。そこで代理署名が大田さんに求められたが、拒否を表明したのだ。

これに対し、当時の内閣総理大臣が原告となり、大田知事を被告として訴える「職務執行命令訴訟」を起こした。

裁判所に出廷するまでの数日間、緊張と恐怖心から大田さんの表情は非常に硬く、特に目に彼の苦悩が表れていた、と知事室にいたある女性は言う。

一九九六年七月一〇日、大田さんが法廷で意見陳述したことは次の通りだった。

復帰に際し沖縄県民が求めたものは、本土並みの基地の縮小、人権の回復、自治の確立であるが、現在も状況はほとんど変わっていないこと。また、沖縄の基地問題は単に沖縄という一地方の問題ではなく、安保条約の重要性を指摘するのであれば、基地の負担は全国民で引き受けるべきであること。

日本の民主主義のありようを問いただしたのであった。

しかし、最高裁の法廷で裁判員は誰一人として大田さんを支持しなかった。最高裁の判断は、「署名拒否によって国は日米安保条約に基づく義務を果たせなくなり、公益を害する」というものであり、敗訴という結果に終わった。それでも、国と争った裁判は、日本国民に沖縄の基地問題を伝えることにつながった。

大田県政時代は、戦後五〇年の節目ということもあり、戦後の沖縄を振り返り、沖縄の将来を見据える政策や取り組みが求められた。

大田さんが沖縄戦を体験したことにより、実現を見た二つの事業がある。

まず、基地の代わりに沖縄から平和の文化を創造し発信するため、沖縄戦激戦地であった糸満市摩文仁の平和祈念公園に「平和の礎《いしじ》」を建設した。「平和の礎」の記念碑には、国籍、民間人、軍人などを区別せず、戦没者の名前が刻まれている。それは、国家の枠組みを超えた沖縄戦の記憶の継承を可能にするものである。

次に、南風原町新川に「沖縄県公文書館」を設立した。沖縄県公文書館には、アメリカ統治関係史料が所蔵されている。悲惨な沖縄戦やアメリカ統治下における史実の解明を可能にする貴重な史料の公開である。

自らの悲惨な戦争体験を基に平和を訴え続けた大田さん。若い世代に伝えたいことを聞いてみると、大田さんは、学問の本質について語った。

「何のために勉強するのかは一番大事で、それが自分のためというより、他人のために尽くせるようにならないとね」

社会における不当な権力の存在と対峙できるようになることが、学問の本質であり学問を究める目的であると話した。

さらに、大田さんを訪ねてきたグルジア（現・ジョージア）からの女子留学生との出会いについて次のように回想した。

「彼女は僕に、世界中に沖縄がありますと言うんだ。どういう意味かというと、一つの国とか一つの社会があると、必ずマジョリティとマイノリティがいて、マイノリティがマジョリティに圧迫され差別され偏見で見られる。沖縄を見ると全くその通りだ。しかし、これは沖縄に限定されているものではなくて、私の国グルジアにもありますという。グルジアもロシアから圧迫されている。沖縄を勉強すれば世界も分かりますと彼女が言うんだね」

「世界中に沖縄がある」という言葉は、大田さんにとって世界中のマイノリティ同士の団結の重要性を確信する言葉であった。

沖縄の基地問題への理解と協力をアメリカに求めた米留経験者は、大田さんだけではない。一九七〇年に留学した下地良男さん（元琉球大学教授・言語学）もその一人だ。

下地さんは、琉球大学に入学したが、在学中は米軍統治という社会状況に対する不満を抱いていた。しかし、アメリカ統治に対する抵抗運動をすると米留の機会が失われるという心配を絶えず抱いており、軍の圧力と沖縄住民としての想いの間で「板挟み」になっている感じがした。米留学後に沖縄のために何かしたいと考え、ハワイ大学で言語学の修士号を習得後、琉球大学に勤務した。

「琉大を定年退職して自由になりました。沖縄の米軍基地問題に対して自分の意見を述べようと思いました。仕事をしている時は、それができませんでした。米軍基地は、沖縄に多くの悪影響をもたらしました。その代償として、アメリカ政府は、教育や経済の分野に資金を提供しました。言うまでもなく、米留制度もその一つです。この補償を受けられる人は限られています。私の考えでは、幸運にもそのような恩恵を受けた人は、社会に利益を還元する必要があると思います」

下地さんは、自分のそのような考えを地元紙を通じて伝えたこともあった。

「米留は沖縄が米軍基地によって被った、いや、現に被っている甚大な被害に対する一種の損害賠償であったと考えることもできる。それ故、米留経験者が個人的に得た利益は今なお基地の重圧に苦しむ沖縄県民にあまねく還元されなければならない。／そのような理由で、米留経験者の一部から米軍基地の強化や恒久化に反対する声が上がっていることは何も不思議なことではないのである」（『沖縄タイムス』二〇〇八年一〇月一二日）

下地さんは、普天間飛行場の移設をめぐり、県外・国外移設の姿勢を貫いた当時の大田知事を支援する形でクリントン大統領へ手紙を書き、「大統領としての責任」を問いただした。

面倒臭いことを理由に沈黙を維持していくことは、自らの特権に甘んじることになると、自分自身を奮い立たせ行動を続ける下地さん。現在も下地さんが新聞への意見投稿を続けているのは、沖縄に基地を押し付ける構造を維持する「協力者」であった自己と対峙する行為でもあるのだ。

復帰後から現在に至るまで、沖縄の基地負担は重い。

キャラウェイ高等弁務官による「金門クラブ」での演説から約五〇年後の二〇一五年四月五日。当時の翁長雄志《おながたけし》沖縄県知事と菅義偉《すがよしひで》官房長官との間で、米軍普天間飛行場の辺野《への》古《こ》移設をめぐる初会談が行われた。場所は那覇市内のハーバービューホテル。かつて「金門クラブ」の会合で使われた場所で、キャラウェイがスピーチをした場所だ。「日米合意」を原点とし普天間飛行場の県内移設を強行しようとする菅官房長官。移設中止を求める翁長知事。翁長は、沖縄県民の民意を無視し、移設を遂行しようとする菅に対して、「沖縄の自治は神話だと発言したキャラウェイ高等弁務官に重なる」と言い放った。

翁長がキャラウェイの「自治神話」スピーチに言及したことは、基地負担を強いられる沖縄の状況は五〇年前から変わっていないことを可視化させるものであった。

同年の九月、名護市辺野古の新基地建設をめぐり集中協議が行われた。しかし、日本政府と沖縄県の溝が埋まることはなかった。翁長は埋め立ての承認取り消しを表明し、国との法廷闘争へと進んだ。

翁長は法廷での意見陳述で、一八七九年の日本による琉球併合は、琉球による抵抗があったにもかかわらず軍隊を伴い行われたこと、一九四五年の沖縄戦は国内唯一の軍隊と民間人が混在した凄惨な地上戦であったこと、戦後の基地建設が強制的な土地接収によってなされたことを伝えた。琉球・沖縄の歴史の中で、沖縄の人々の自由、平等、人権、自己決定権がないがしろにされてきたことを指摘し、翁長はそれを「魂の飢餓感」という言葉で表現した。さらに、沖縄の振興策に関する国民の誤解についても言及した。「沖縄が日本に甘えているのでしょうか。日本が沖縄に甘えているのでしょうか」翁長によるその問いかけは、どれだけの人に届いたのだろうか。

国際的な教育を推進する

米留経験者の大学教育の国際化への貢献は大きい。

一九五〇年に開学した琉球大学は、多くの米留帰りの就職先だった。また、学長や学部長の重職にも就いた者も少なくない。一九七八年の「琉球大学研究者総覧」によると、掲載されている教員（四一五名）のうち、八七名が米留経験者であった。それは、約二一％にあたり、つまり五人に一人が米留経験者であることを示す（『写真とエッセイ　米留五〇年』）。

「アメリカの文化というものを学んで帰ってきた留学経験者が琉球大学に与えたインパクトは非常に大きい」と、瀬名波榮喜《せなはえいき》さん（元琉球大学教授・英文学）は語った。

琉球大学の英文学科を見るとその影響は明らかだった。英文科のカリキュラムを編成す

さんの経験に耳を傾ける、次世代の社会福祉士らの姿がある。

「米留」によって得た知見を地域社会に還元しようという米留経験者たちの方法はさまざまだ。

留学制度を存続する

「米留組」が遺したものの一つに、復帰後の沖縄における留学制度がある。

復帰によって米留への道が閉ざされたことで、米留を目指した若者にとっては、行き場がなくなる喪失感があった。本土へ復帰し、沖縄の学生にもフルブライト奨学金制度に申請できる機会は開かれたとはいえ、留学への道は非常に限られていた。それでも沖縄独自の海外留学制度は一九八二年に復活し、多くの若者が奨学金を得て沖縄を飛び立ち海外で学んだ。

制度の復活には、西銘順治《にしめじゅんじ》県政時代（一九七八〜一九九〇年）に副知事を務めた比嘉幹郎さん、そして大田昌秀さんの貢献も大きい。制度を通した人材育成の継承に二人が尽力した背景には、自らの留学経験への高い評価があった。

一九八二年に県費による留学制度が再び設立されたのは、「国際交流の拠点形成とそれに伴う国際交流を担うべき人材の育成」が目的だ。

六か月間という短い期間での派遣であったが、翌年には、修士号または博士号の学位取得を目的にした米国留学制度が創設された。

一九八四年には、東南アジア諸国への留学制度（県費）も開始した。フィリピン、マレーシア、シンガポール、タイ、インドネシアの大学や大学院に六か月間研修生としての留学が可能となった。また、沖縄と歴史的につながりの深い台湾や中国福建省への留学生派遣も実現した。

沖縄県国際交流・人材育成財団がまとめた資料によれば、一九八二年から二〇一二年までの三〇年の間、県費留学で博士課程六名（アメリカ五名、イギリス一名）、修士課程一六二名（英語圏一四三名、欧州六名、東アジア六名、東南アジア六名、南米一名）が留学した。英語圏の内訳は、アメリカ一三八名、オーストラリア三名、イギリス二名であった。また、半年から一年の学位取得目的以外の留学については、四四一名が英語圏、欧州、東南アジア、東アジア、南米への留学であった。

さらに、一九九七年には、国費による留学制度が始まった。二〇〇八年までの一一年間に、アメリカ大学院五八名（博士課程一四名、修士課程四四名）、イギリス大学院一一名（博士課程二名、修士課程九名）、オーストラリア大学院七名（博士課程五名、修士課程二名）、オーストリア修士課程一名、シンガポール修士課程一名の合計七八名が留学した（前述の財団提供情報）。

また、一九八七年から米軍基地内大学就学制度が始まり、毎年、四〇名程度が基地内大学に進学できるようになった。

基地内大学とは、本来は米軍人・軍属など、基地の中で勤務する者のための高等教育の場であった。メリーランド大学やトロイ州立大学などの、いわば「日本校」のようなものになる。米留経験者であり、沖縄県副知事を務めた比嘉幹郎さんが基地内大学への「留学」実現に尽力した。

一九九七年からは、英語を母国語としない学生のためのブリッジプログラム（大学教育で必要となる英語力を強化するために行う英語学習プログラム）への進学も可能となり、現在まで継続されている。

一九八七年から二〇一八年までの基地内大学の就学者は、一三七名が大学院、三九三名が大学、二五四名が短大へと進学している。ブリッジプログラムは七六〇名であった。

沖縄において米軍基地内大学への留学の道が開かれたその背景について、比嘉さんは次のように語った。

「当時、個人的な好意でアメリカ人が沖縄人を基地内大学に通わせていたことがあった。それで、私は日本政府に対して基地内大学への留学制度を求めたんだけど、政府はだめという姿勢だった。地位協定があるから。基地内の大学は米軍人・軍属のための大学。地元の人が通うのはだめ。でも、韓国の例もあるではないかと強気に出た」

こうして沖縄の在日米軍施設・区域内にある米国の大学への留学制度は全国の先駆けとなり、青森県三沢などがそれに続いた。

基地内大学二期生であった知念徳彦さんは、三八歳で基地内のメリーランド大学に入学し、二六年間という長期間にわたって通った。六五歳で卒業証書を手にした喜びを、「生涯教育となり、それは人生を楽しむ一つの手段」（『沖縄タイムス』二〇一四年一〇月二六日）だと語っている。

比嘉さんは、基地内大学の活用について肯定的だ。一方で、基地内大学就学者の中には「基地内大学から恩恵を受けることに抵抗を感じることがある」人がいるのも事実だ。「教育と軍事基地とは別の次元で考えるしかない」と言う就学者もいた（『朝日新聞』一九九二年三月一六日）。

二〇〇一年、アメリカ同時多発テロ事件の時は、基地内大学留学制度は継続の危機に直面した。二〇〇三年、イラク戦争が始まると、米軍は基地内の警備強化のため、進学予定者に通行証を発行しなくなった。さらに、日本人学生選抜を担当する沖縄県国際交流・人材育成財団に対して、「思想信条」の確認ができないかと非公式に問い合わせていたことが地元紙で伝えられた（『琉球新報』二〇〇三年六月五日）。同日の夕刊紙面では、米軍がそれを否定したという記事が掲載されたが、財団は、思想信条で教育の機会を拒まれることがあってはならないという立場を貫いたのである。

一九九〇年には高校生への留学制度（県費）が開始された。「沖縄県の振興開発及び国際的な文化・学術交流を担う人材の育成」が目的だった。

留学先は英語圏や欧州で、一九九〇年から二〇一二年までの間、合計四二一名の高校生が派遣された。派遣先で最も多かったのはアメリカの一四四名、続いて、ドイツ七六名、オランダ五四名、スウェーデン四三名、スイス二九名、ベルギー一三名だった。

さらに、一九九八年、当時の橋本龍太郎首相と大田知事との会談で提起され、沖縄振興策の一環として国費による高校生の米国留学制度が開始された。毎年四〇名が留学し、一年間のホームステイを経験した。この制度は、「沖縄県の国際化に対応できる人材育成事業」として実施され、二〇一一年までに計三五四名の高校生が米国留学を果たした。

高校生の留学制度は現在も形を変えながら継続している。

私も復帰後の留学制度を利用して米留学をした者の一人だ。大学卒業後、二〇〇三年にハワイ大学院・ハワイ東西センターへの留学制度（小渕沖縄教育研究プログラム）の二期生として奨学金を得てハワイに留学した。その制度は、二〇〇〇年に沖縄県で開催された九州・沖縄サミットを機に日米両政府の合意のもと創設されたものだ。アメリカ政府の資金により沖縄の学生に対して学費・寮費等を支給する奨学金制度である。沖縄で生まれ育ち琉球大学に進学した私はアメリカ文学を専攻したが、大学の先生は米留学をした人がほとんどだった。特に、女性文学・先住民文学研究の喜納育江《きないくえ》先生（一九九一年県費留学）との出会いは、私の米留学への動機に大きく影響した。また、私にとってその奨学金の獲得こそが「なぜアメリカ政府が沖縄の人々に対して留学資金をだすのか」という素朴な問いが生まれたきっかけであった。

現在の沖縄においては、米留学する者に対して「米留組」といった言葉は向けられない。「アメリカ」が沖縄にとってより近い存在になり、留学にこめられる政治的意味や社会の期待が変化してきたからだろう。しかし、沖縄には今日も米軍基地の偏在、米兵による性暴力、貧困などの問題が大きな現実として存在する。そうした中で留学の機会を得ることができるのは一握りの恵まれた人々だ。そうした機会を手に入れた者たちがアメリカで学んだ知識を様々な形で還元できる社会を作っていくことも沖縄の課題である。

歴史的連続性の中で「留学」を捉える

沖縄には、琉球王国時代より「留学」を通じて海外からの先端知識を得ながら、社会を形成してきた歴史がある。中国への琉球人学生の派遣、日本合併後の日本への留学、戦後の「米留」、そして復帰から現在に至る留学制度。歴史的な連続性の中で「留学」を捉えた時に、留学を通して生成してきた沖縄の社会と文化と歴史が見えてくる。

二〇一二年一一月二三日、沖縄県名護市の名桜大学で国際シンポジウム「琉球・沖縄の『留学』と社会形成」が開催された。シンポジウムでは、琉球王国時代から現在までの「留学」の歴史に焦点を当て、琉球・沖縄の人々が海外で得た知識をどのように受容し社会で展開してきたのか、歴史的な視点から「留学」の価値を再考するものであった。

基調講演では、一八世紀前半に琉球王朝につかえた「蔡温《さいおん》」の研究者でペンシルベニア州立大学歴史学部准教授のグレゴリー・スミッツさんが著書『琉球王国の自画像―近世沖縄思想史』（二〇一一）の内容を踏まえ、一六世紀から一九世紀の沖縄が東アジアとの交流の中でいかにして海外の知識を獲得してきたのかを講演した。

また、琉球史（中琉交流史）研究者の前田舟子《まえだしゆうこ》さんが、「官生《かんしよう》制度からみる琉球王国の形成」の題目で琉球王国時代の中国（明・清）への国費留学派遣について、また、同じく琉球史（近世琉球医学史）研究者の勝連晶子《かつれんしようこ》さんが、「近世期先島における医療知識・技術の習得―首里王府の医療政策との関わりから」の題目で、近世琉球における医師養成について研究報告をした。

シンポジウムでのコメンテーターとして、琉球史研究者の高良倉吉《たからくらよし》さんは、「『留学』を切り口にして琉球・沖縄の歴史を捉えた時、従来の政治、外交、行政では見えてこない、琉球・沖縄の人々の社会形成について考察することができる」と指摘した。また、今後の研究の発展として、海外へ移民として渡り、後に沖縄に帰ってきた人々が移民先で得た知識をどのように社会で展開したかなどといった多様な「留学」のあり方を研究していくことを期待すると助言した。

留学に関する研究の多くは、「留学」が個人に与える影響を扱っている。しかし、琉球・沖縄における「留学」研究は、留学した個人が社会に与える影響を歴史的な連続性の中で捉えている。

沖縄にとって「留学」は、中国、日本、アメリカなどとのかかわりの中で社会形成をする過程においての重要な装置となってきた。琉球・沖縄と「留学」の関係を理解するにはそれぞれの時代の留学制度に関する研究だけでなく、歴史史料には残りにくい当事者自身の声を拾い上げる作業が必要である。それは簡単なことではないが、その作業によってこそ、制度の思惑を超えたところにある「留学」という経験を踏まえた、個々による社会形成の営みが見えてくるのだ。

本書は、アメリカ統治下の「米留」制度に焦点を当て、留学前、留学中、留学後の米留経験者の足跡を辿った。

アメリカ統治下の「米留」制度の設立には、対沖縄統治戦略の一環としてのアメリカ側の思惑があった。軍国主義の払拭と民主主義の推進、戦後沖縄の経済復興、さらには、米留経験者を親米的指導者に養成するといった目的が背景にあった。「米留」制度を管轄する民政府は、「アメリカの敵」になる可能性を持つ人物を排除するために厳格な思想調査を行った。

一方で、戦後の沖縄を生き抜いた沖縄の若者にとって、アメリカの大学で学ぶことに対しては、先端技術や知識を習得するという熱意や意志があったはずだ。また、戦後の沖縄において自己の人生を切り拓いていくための戦略でもあった。

しかし、日本から切り離され、アメリカ統治下に生きた沖縄の人々にとって、アメリカへの留学はただの留学ではなかった。「米留」制度は、沖縄人の間に、不平等な力関係を生み出し、連帯ではなく分断へ導くものでもあった。

本書では、戦後の沖縄の「米留」制度について、アメリカ側の一次史料から、その意図や実施側の主体を明らかにすることだけでなく、留学経験者の主体に着目するために彼ら・彼女らのライフストーリーの語りを重視した。個々人が歩んできた人生から、個々と社会との関係や社会変容の様相を理解することができるからだ。

戦後沖縄では、「米留組」に対して、「親米エリート」という政治色を帯びた眼差しが向けられ、米留学をしたという理由で政治的指向までをも判断された。しかし、「米留組」のナラティブは、アメリカ統治下を生きた「民衆の抵抗」という大きな物語にも、冷戦の文化政策の「駒」として客体的な犠牲者となった物語にも回収されない。「米留組」のライフストーリーには、沖縄とアメリカ、そして日本の狭間を生きながら葛藤を感じ、アメリカ側の政策に翻弄されそうになる自己に対峙しつつ、米留経験者としての責任を自問し、行動した米留経験者の姿が見えてきた。それは、米留制度の思惑を超えたところの「米留組」の主体の生成であった。「米留組」それぞれの個人的な経験に光を当て、戦後沖縄の社会的状況を踏まえることで、「米留組」の当事者性と社会形成の営みが見えるのだ。

おわりに——もう一つの「米留」

じつは私は、米留経験者である実父、前原龍二へのインタビューも行った。

父は一九三五年に沖縄で生まれた。一九五四年愛媛大学に国費留学し、京都大学大学院に進んだ。そこで修士号を取得し、琉球大学で教鞭をとることになった。その後、「米留組」としてアイオワ州立大学大学院に留学した。

位相幾何学を専門としていたが、思いついた数式をティッシュ箱や新聞紙の余白に書くような人だった。

家族には照れくさくて、ゆっくりと話を聞くことがなかなかできないものだ。私はそれまで、家族に戦争体験やアメリカ統治下のことを詳しく聞き出すことをしてこなかった。

二〇〇九年、父は直腸癌《がん》を宣告された。余命について医師は家族に伝えず、母も誰も医師に尋ねる勇気がなかった。

いつでも聞けると思っていた父から話が聞けなくなるかもしれない。そういう不安をどこかに抱え、父へのインタビューを急いだ。

二〇一〇年六月一三日。父が七五歳の時だった。

父がいつも座るテーブルの上にＩＣレコーダーと用意していた質問用紙を置き、インタビューを始めた。


父は、最後の「米留組」だった。出発したのは、一九七〇年、アメリカの独立記念日の七月四日。アイオワ州立大学に約一年間、その後にインディアナ州のパデュー大学に編入し、再度アイオワ州立大学に戻り、そこで博士号を取得した。米国に渡り帰国するまでの期間は約二年半だった。

父の父親は医者で、軍医として満州に渡り、帰ってきたあと間もなく結核で亡くなった。母親は中学校で家政や音楽の教師をしていた。父が米留する時には両親も祖父母も他界していた。

基本情報について淡々と聞き出そうとする私。機械のような声。恥ずかしさや照れもあり、ＩＣレコーダーの前で二人とも敬語になっていた。

父は米留の動機について、こう語った。

「このまま年を重ねれば昇進はしていくだろうと思っていました。（中略）でも数学をちゃんと分かっていない気がして、米留でも行って、勉強すれば自信が出るのではないかと思いました」

私は高校時代に父から数学を教わったことがあった。父から習う数学は、教科書の方程式を使わずに長い時間を伴うもので、教えてもらう方にも忍耐が必要だった。しかし、米留の動機を聞いて、父の数学への熱意を改めて感じた。

父が米留を決めたのは、先輩にも同僚にも米留に行っている人がいて、また一度は米国に行ってみたいとの思いもあったからだという。英語も少しずつ勉強していた。

父が渡米した頃はまさに復帰が近づいていた頃だ。

「『沖縄を返せ』（復帰運動の集会でよく歌われた歌）が盛んに歌われていました。一〇年前からそれは続いていました。それが普通の景色になっていました。留学に行ってくる間には変わるだろうと思っていました」

父は決して多くを語る人ではない。

質問項目の中から一つ質問すると、しばらく時間をおいて一つ応える。留学中の経験についても口数少なく応えた。

「数学という部門で、関数解析とか今まで勉強したこともない分野もあって興味深く感じました。日本で勉強したこともない分野もあり、合計一〇〇単位ほど履修しました。日本の大学と比べて、宿題は異常に多く追いつくのに必死でした。外国人には英語の授業を受けることが必須とされていました。少し馬鹿馬鹿しいと思いました」

「当たり前だけど全員外国人だったことを新鮮に思いました」、「珍しい経験をしているという実感がありました」、「オリエンテーションでアリゾナにいた頃、仲の良い友人は台湾からの留学生でした。学科の先輩でした」、「日本からの留学生との付き合いもありました。日本人とは囲碁をしたり歌を一緒に歌ったりしました」、「図書館に日本の雑誌があり、そこで毎週確認していました」、「『コザ騒動』や沖縄の本土復帰のニュースを新聞で読みました」。

もっと聞き出そうと、言葉をいろいろ探し質問をする私。しかし、それに続く言葉を父は発してくれない。

最後の質問として、「米留経験は人生において有益なものでしたか」と問いかけた。

「非常に有益でした、はい」

父は本当に話すことが苦手だ。結婚した時からそうだったと母は言う。どういう風にそう思うのか、その根拠などもう少し話してほしいと思いながら、それができないもどかしさを感じた。「インタビュアー泣かせ」とは父のような人を言うんだ、と私は思った。そして、これ以上の言葉が出てこない父を前に、私はＩＣレコーダーのスウィッチを切った。

私が小学校四年の時、父は脳出血のため、左半身麻痺《まひ》の後遺症を患った。集中治療室の狭い控室で家族一緒に一晩を過ごした。手術が無事に終わり、命を取り留めた父に母は紙と鉛筆を渡した。父はその紙きれに「難儀」という文字を綴った。「難儀」という難しい漢字が書けるのなら心配いらない、と母が安堵したのを私は記憶している。

父は口数少ないが、発する言葉に重みがあった。私が大学生の時に初めて米国に留学した時、「人間は寂しくても死ぬことはない」と私に伝えた。大学受験や就職試験の朝など、緊張して家を出ようとする私を呼び止め、必ず私と握手をした。いつも私の右手の骨が砕けんばかりの力で握手をしてきた。父の握手は痛かった。

父が見た沖縄戦やアメリカ統治の沖縄がどのようなものだったのか、何か語ってくれるのではないかという期待を持っていた。

私は日を変え、今度は母も交えて、夕飯時に改めて父に話を聞くことにした。父が好きな刺身と少しの「泡盛」をお供に。

母が交じると父も楽しそうだった。

すでに結婚していた父の留学時、母は「ワイフビザ」で父の半年後に渡米した。那覇から一人で飛行機に乗り、ハワイ経由で父が滞在するアイオワに渡った。飛行機に乗る前に座席番号が書かれた搭乗券をなぜか不要だと思いゴミ箱に捨ててしまったこと、義姉から真っ赤な色のボストンバッグを借り、それに穴が開いていたことに後で気づいたがお金は盗まれていなかったことなど、失敗談を明るく話す母。アメリカの大きなスーパーマーケットに行って、大きなハムの塊や牛肉が安くて、食品の種類とボリュームに感激した話。

アメリカのレディーファーストの慣習についても語った。

「アメリカでは当然のことが、日本人、いや人間としてできていなかったなと思うのは、ドアを開けて次の人のために押さえておくことができなかった。沖縄にはそういうドアがたくさんあるわけではなかったからね。慣れていなかった」と母は言った。

母がいると、父もアメリカ留学の楽しい思い出を語り出す。バスに乗っている時、コクンコクンと隣で居眠りしていた女性に対して、「僕の肩で寝ていいよ」という仕草をした父。彼女がバスから降りる時、"Thank you for your shoulder."（肩を貸してくれてありがとう）と言われた、と嬉しそうに語った。

私は父と二人でよく話をするようになった。録音することなく。記録もせず。

私が質問して、父が一言二言答える。いつも通りのやり取りが続くことが多かったが、それでも楽しそうな父を見ているとなかなか席を立てずにいた。

その日も、いつも通りに私が質問していた。でも、ふと父が私にゆっくりと聞く。

「もし、僕の足が自由に動いたら何をしたいと思う?」

会話の流れから外れた唐突な父からの質問に、私は息が詰まった。

――え？　なんだろう。また旅行に行きたい？

私は冷静を保とうとしながらそう言った。

「旅行もいいけど、思いきり走りたい」と父が言った。

そして、またゆっくりと私に聞いた。

「もし僕の両手が自由に……動いたら……何をしたいと思う？」と途切れ途切れの声だった。

――うーん、なんだろう。

私は喉の奥が熱くなり小さい声で言った。

「もし、僕の両手が自由に動いたら……お母さんを両手で抱きしめたい」

私には言葉がすぐに見つからなかった。お茶を一口飲んでから、静かに息を吸って、声を整えて、ようやく言葉を発することができた。

――お母さんにも伝えてあげた方がいい。

多忙な職業に就きながらも、長年父を支えてきた母のことを想った。

けでなく、文化・教育交流を通して、沖縄に対する米軍統治政策への支持を得ようとするとても巧みな戦略であったということだ。そして、「米留組」が必ずしもその政策に操られたわけではなかったということだ。

米留経験者の語りからは、留学制度の政治的思惑を超え、留学生が主体的に動いていたこと、そして、留学で得た経験、知識やネットワークをそれぞれが戦後の沖縄社会に展開してきたことが見えてきた。つまり、米留経験者は、自らの主体的な立脚点を模索し、留学の経験を沖縄社会に還元してきたのである。

「米留」への道は狭き門であった。親の受けた教育や家庭の経済状況は、米留経験者の高等教育への意欲（アスピレーション）に影響しただろう。また、留学で得た知識を社会に還元していくプロセスは、決して単線的ではなく、ジェンダーや個人が置かれた状況が影響を及ぼしたはずだ。また、留学制度の実施に関わったアメリカの人々の沖縄に対する心境や想いもあったはずだ。それらの点について分析しうるデータや史料に乏しく、詳しく述べられなかったことが本書の限界である。

本書のもとになったのは、ハワイ大学マノア校大学院社会学部で執筆した博士論文

“Identity Formation and Negotiation Processes of Okinawan Students who Studied in the United States, 1945-1972”（二〇一三）である。

博士論文の指導教員であった二人の女性研究者には深く感謝の意を記したい。まず、パトリシア・スタインホフ先生には、結論ありきではなく、調査から見えてきたものを、たとえそれが期待から外れていたものだったとしても、真摯に扱わなければならないという社会学者としての貴重な訓示を頂いた。次に、吉原真里先生には、アメリカ研究とは、私たちが生きている社会と切り離して学ぶ単なる対象ではなく、私たちの生き方にも影響を与えるものであるということを教わった。論文に対する吉原先生のコメントはとても刺激的で、研究には終わりはないことも教わった。

博士論文の執筆にあたって、ハワイ大学の社会学部やアメリカ研究科の教員や友人たちから多くの支援と助言を頂いた。私の留学生活を振り返ると、お世話になった人々の顔が思い出され、深い感謝の気持ちが溢れてくる。

本書を最後まで執筆できたのは、編集担当者である集英社新書編集部の野呂望子《のぞみ》さんが忍耐強く、温かいお言葉で激励してくださったおかげである。

この本の出版にご協力くださったすべての方々に、心からの感謝の意を表したい。そして、これまでの時代を生きた人々に沖縄の言葉で感謝の気持ちを伝えたい。

なまぬ　わんぬ　あいしや　うんじゅぬ　うかぎやいびーん。
うんじゅなーたーぬ　うかぎしどぅ　なまぬ　うちなーぬ　あいびーん。
ちむぬすくからぬ　しでぃがふー　うんぬきやびら。
（あなたのおかげで今のわたしがいます。あなたたちのおかげで今の沖縄があります。
心から感謝します）

〈復帰五〇年〉。日本という国家への同化という大きな波が、沖縄の土着の文化や言語に覆い被さろうとした力は大きかった。「復帰」は、単にアメリカ統治の終わりを示すものではない。それは、日本による琉球併合から現在に至るまで続く不均衡な沖縄、日本、アメリカの関係性を捉え直すこと、そしてその関係を変えていこうと決意を新たにすることを意味する。二〇二二年の復帰五〇年は、一つの通過点に過ぎないのだ。

〈復帰五〇年〉に際し、多くの読者が今の沖縄がおかれた現状に関心を抱いてくれることを願い、本書の執筆を始めた。執筆を進めていくうちに、「米留組」のライフストーリーに着目した本書が、隣にいる、もしくは少し離れたところにいる誰かのことを考えるきっかけになり、その人々のことを想い、支えるようになってほしいと願うようになった。

私たちの社会が、これから、一〇年後、五〇年後、一〇〇年後、どのように変容していくのかは誰も予測ができない。そのような時代を生きていく私たちにとって、誰一人生きづらさを感じることがない社会、そしてその人にとっての大切な夢を応援し合える社会を共につくっていきたいと願う。

最後に、本書に出てくる「米留組」の語りは、次世代へ向けられたものである。将来を担う若者にぜひ本書を読んでほしい。

二〇二二年四月五日

山里絹子

主な引用・参照文献

新崎盛暉・中野好夫『沖縄戦後史』岩波書店、一九七六年、四〇―四一頁
岡野宣勝「戦後ハワイにおける『沖縄問題』の展開―米国の沖縄統治政策と沖縄移民の関係について」『移民研究』四号、二〇〇八年、一―三〇頁、一〇頁
沖縄県教育委員会編・発行『沖縄の戦後教育史』一九七七年、六八四頁／六八七―六八八頁（「合衆国琉球諸島民政府官ゼームス・M・ルウイス准将の覚書〈日本政府那覇南方連絡事務所長今城昇の覚書に対する返書〉一九五三年三月一一日」）
沖縄県教育委員会編・発行『国・自費沖縄学生28年のまとめ』一九八〇年、四一―四二頁
沖縄県国際交流・人材育成財団「国外留学生派遣事業（県費）の推移」、「沖縄県人材育成海外派遣事業（国費）」、「高校生の国外留学派遣事業（県費）」、「沖縄県高校生米国留学派遣事業（国費）」、「在沖米軍施設・区域内大学就学者推薦事業」
沖縄県立芸術大学全学教育センター「研究者による戦争体験談出版プロジェクト」チーム編・発行『研究者（当時10代）による太平洋戦争体験談』二〇一三年、一六頁
沖縄タイムス社編『琉大風土記―開学40年の足跡』一九九〇年、一八七頁
勝連晶子「近世琉球の医師養成に関する試論―医道稽古と〈留学〉」『沖縄・ハワイ　コンタクト・ゾーンとしての島嶼』彩流社、二〇一〇年、四〇一―四三六頁
ガリオア・フルブライト沖縄同窓会編『エッセイズ　ゴールデンゲイト』ひるぎ社、一九八七年、二一、

三三一―三四、三五、三九頁
ガリオア・フルブライト沖縄同窓会編・発行『ガリオア留学生の足跡』二〇〇八年、一八頁
ガリオア・フルブライト沖縄同窓会編・発行『写真とエッセイ　米留五〇年』ひるぎ社、二〇〇〇年、三四〇―三四一頁
ガリオア・フルブライト沖縄同窓会編・発行『米国政府援助の沖縄奨学生名簿　１９４９年～１９７０年』二〇〇一年
金城弘征『金門クラブ―もうひとつの沖縄戦後史』ひるぎ社、一九八八年、九―一〇頁
グレゴリー・スミッツ、渡辺美季訳『琉球王国の自画像―近世沖縄思想史』ぺりかん社、二〇一一年
新城岩夫「学び、恋した、生きた―米国留学の思い出」『写真とエッセイ　米留五〇年』ガリオア・フルブライト沖縄同窓会編・発行、二〇〇〇年、三一一―三一二頁
土屋由香「文化冷戦と留学オリエンテーション映画―占領下の日本および沖縄における『ガリオア留学』」『愛媛法学会雑誌』第四二巻一号、二〇一五年、七五―一〇〇頁、七八頁
仲本和彦「世界に誇れるアーカイブズを目指して―沖縄県公文書館」『琉球大学創立70周年記念誌』琉球大学、二〇二〇年、一三〇―一三一頁
野入直美『沖縄―奄美の境界変動と人の移動』みずき書林、二〇二一年、二五六―二五七頁
前田舟子「留学における『人の移動』と『知の越境』―琉球の官生派遣を通して」『沖縄・ハワイ　コンタクト・ゾーンとしての島嶼』彩流社、二〇一〇年、三四五―三八〇頁
益田肇『人びとのなかの冷戦世界―想像が現実となるとき』岩波書店、二〇二一年、三二四頁

宮城悦二郎『沖縄占領の27年間—アメリカ軍政と文化の変容』岩波ブックレット、一九九二年
門奈直樹『アメリカ占領時代沖縄言論統制史—言論の自由への闘い』雄山閣出版、一九九六年
山里勝己『琉大物語　1947—1972』琉球新報社、二〇一〇年、一〇五頁
『朝日新聞』一九五五年一月一三日、一九九二年三月一六日
『明日を導く人々』（映像）米国民政府情報教育部、一九五二年
『沖縄タイムス』一九六三年三月一三日、一九八九年二月二四日、二〇〇八年一〇月一二日、二〇一四年一〇月二六日
『今日の琉球』琉球列島米国民政府渉外報道局出版課、第三巻一〇号、一九五九年、二五—二九頁／第六巻八号、一九六二年、四—五頁
『守礼の光』琉球諸島米国高等弁務官事務所、第七号、一九五九年、一六頁
『琉球新報』一九六三年三月七日、一九六三年三月一三日、一九六九年九月一九日、二〇〇三年六月五日

Caraway, Paul W. "Autonomy" Speech to Golden Gate Club. March 5, 1963. Okinawa Prefectural Archives, Okinawa.
Education Department, Office of the High Commissioner. Closing Remarks by Mr. Kabira, President, Golden Gate Club, Following the Question and Answer Period and Dinner Honoring High Commissioner Albert Watson, II, September 29, 1964. Okinawa Prefectural Archives, Okinawa.
Education Department, Office of the High Commissioner. Directory of Returned ARIA Students.

September 17, 1963. Okinawa Prefectural Archives, Okinawa.
Education Department, Office of the High Commissioner. *Sponsor's Guide for ARIA Scholarship Program*, 1965. Okinawa Prefectural Archives, Okinawa.
Fink, Jeanette. Draft of Reply to Mrs. Ralph Pinkus Concerning Remarks Made by ARIA Graduate Students. November 9, 1964. National Archives at College Park, College Park, MD.
Fink, Jeanette. Ryukyuan Scholarship Program, Education Department, March 14, 1966. National Archives at College Park, College Park, MD.
Frazier, H. Letter to Commanding General United States Army, Pacific. Ryukyus Exchange Students at University of Hawaii. June 29, 1949. Okinawa Prefectural Archives, Okinawa.
Golden Gate Club, 1963. Okinawa Prefectural Archives, Okinawa.
Iye, Tomoaki. "Elementary School Teacher, Native of Okinawa, Admires Frankness of Americans and Democratic Spirit" Sun, Date unknown, 1950.（『写真とエッセイ　米留五〇年』七九頁に掲載）
Lee, Erika. *The Making of Asian America: A History*. New York: Simon & Schuster, 2015.
Office of the Secretary of the Army. Annual Report of Stateside Activities Supporting the Reorientation Program in Japan and the Ryukyu Islands. October 1950. Okinawa Prefectural Archives, Okinawa.
"Okinawa exchange students at University of Hawaii are under constant Communist influence." June 3, 1949. Okinawa Prefectural Archives, Okinawa.
Pinkus, Ralph. Letter to Harold E. Howland. August 22, 1964. National Archives at College Park, College

Park, MD.

Price, Ralph B. Report on Mills College Orientation Center. September 9, 1953. National Archives at College Park, College Park, MD.

Report of Military Government Activities for Period from 1 April 1945 to July 1946. Okinawa Prefectural Archives, Okinawa.

Review and Evaluation 1954 Session of the English Language Institute and Orientation Center for International Students, Mills College, Oakland, California. National Archives at College Park, College Park, MD.

Said, Edward W. *Orientalism*. New York: Pantheon, 1978.

Shank, Donald J. Letter to Iye Tomoaki. October 6, 1949.(『写真とエッセイ　米留五〇年』七八頁に掲載)

Shibusawa, Naoko. *America's Geisha Ally: Reimaging the Japanese Enemy*. Harvard University Press, 2006.

Summary of the Letter to Robert McNamara from Adlai Stevenson, March 20, 1963. Okinawa Prefectural Archives, Okinawa.

Tsvetkova, Natalia. "International Education during the Cold War: Soviet Social Transformation and American Social Reproduction." Comparative Education Review. Vol. 52. Issue 2, 199-217.

Ueunten, Wesley Iwao. "Rising Up from a Sea of discontent: The 1970 Koza Uprising in U.S. - Occupied Okinawa," Militarized Currents: Toward a Decolonized Future in Asia and the Pacific, Minneapolis:

University of Minnesota Press. 2010.

United States Civil Administration of the Ryukyu Islands, Public Affairs Department. “US to continue assisting Ryukyuan scholarship student in US Until Sept. 1974.” News Release, February 2, 1971. Okinawa Prefectural Archives, Okinawa.

United States Department of the Army. 1963. *To Students from the Ryukyus*. Okinawa Prefectural Archives, Okinawa.

Von Eschen, Penny M. *Satchmo Blows Up the World: Jazz Ambassadors Play the Cold War*. Cambridge: Harvard University Press, 2006.

Yang, Ching-Kun. *Meet the USA: Handbook for Foreign Students in the United States*. Institute of International Education, 1945.

山里絹子（やまざと きぬこ）

琉球大学国際地域創造学部准教授。一九七八年生まれ、沖縄県中城村出身。琉球大学法文学部卒業。二〇一三年ハワイ大学マノア校大学院社会学部博士課程修了。名桜大学教養教育センター講師を経て現職。専門分野は、アメリカ研究、社会学、移民・ディアスポラ、戦後沖縄文化史、ライフストーリーなど。著者に『島嶼地域科学という挑戦』（共著、ボーダーインク）ほか。

「米留組《べいりゅうぐみ》」と沖縄《おきなわ》 米軍統治下《べいぐんとうちか》のアメリカ留学《りゅうがく》

二〇二二年四月二〇日 第一刷発行　集英社新書一一一三D

著者……山里絹子《やまざときぬこ》

発行者……樋口尚也

発行所……株式会社集英社

東京都千代田区一ツ橋二-五-一〇 郵便番号一〇一-八〇五〇

電話 〇三-三二三〇-六三九一（編集部）

〇三-三二三〇-六〇八〇（読者係）

〇三-三二三〇-六三九三（販売部）書店専用

装幀……原 研哉

印刷所……大日本印刷株式会社 凸版印刷株式会社

製本所……加藤製本株式会社

定価はカバーに表示してあります。

ISBN 978-4-08-721213-6 C0220

Printed in Japan

a pilot of wisdom

集英社新書 好評既刊

9つの人生 現代インドの聖なるものを求めて 〈ノンフィクション〉
ウィリアム・ダルリンプル／パロミタ友美 訳 1100-N
現代インドの辺境で伝統や信仰を受け継ぐ人々を取材。現代文明と精神文化の間に息づくかけがえのない物語。

哲学で抵抗する
高桑和巳 1101-C
あらゆる哲学は抵抗である。奴隷戦争、先住民の闘争、啓蒙主義、公民権運動などを例に挙げる異色の入門書。

奈良で学ぶ 寺院建築入門
海野 聡 1102-D
日本に七万以上ある寺院の源流になった奈良の四寺の建築を解説した、今までにない寺院鑑賞ガイド。

「それから」の大阪
スズキナオ 1103-B
「コロナ後」の大阪を歩き、人に会う。非常時を逞しく、しなやかに生きる町と人の貴重な記録。

ドンキにはなぜペンギンがいるのか
谷頭和希 1104-B
ディスカウントストア「ドン・キホーテ」から、現代日本の都市と新しい共同体の可能性を読み解く。

子どもが教育を選ぶ時代へ
野本響子 1105-E
世界の教育法が集まっているマレーシアで取材を続ける著者が、日本人に新しい教育の選択肢を提示する。

江戸の宇宙論
池内 了 1106-D
江戸後期の「天才たち」による破天荒な活躍を追いつつ、彼らが提示した宇宙論の全貌とその先見性に迫る。

大東亜共栄圏のクールジャパン 「協働」する文化工作
大塚英志 1107-D
戦時下、大政翼賛会がアジアに向けておこなった、文化による国家喧伝と動員の内実を詳らかにする。

僕に方程式を教えてください 少年院の数学教室
髙橋一雄／瀬山士郎／村尾博司 1108-E
なぜ数学こそが、少年たちを立ち直らせるのか。可能性のある子どもたちで溢れる少年院の未来図を描く。

大人の食物アレルギー
福冨友馬 1109-I
患者数が急増している「成人食物アレルギー」。その研究・治療の第一人者による、初の一般向け解説書。